人事制度の死亡フラグ回避方法

「栄養不足型」
「過干渉型」
「ネグレクト型」

株式会社ジェントルマネジメント
代表取締役 川﨑 純弥

死にがちな人事制度救えます！

はじめに

死亡フラグという言葉をご存知でしょうか。

“映画や小説など物語の中で、登場人物の死を暗示させる発言や行動”を意味します。

本書は、活用が難しく悩みの種となることが多い、「組織・企業の人事制度に関する失敗の原因」を死亡フラグに見立て、その回避・解決方法をお伝えすることを目的としています。

企業・組織における人に関する悩みは、「採れない・辞める・育たない」この三重苦に集約されます。企業の永続や発展を妨げる恐ろしい要素です。人事制度はこれらを解決するために作成・導入されることが多いのですが、使いこなすことが難しいのです。それゆえに、徐々にモチベーションを削ぎ落とされ疲弊して、本来の効果を得ることなく放置されることも少なくありません。皮肉なことに、三重苦を更に促進させてしまう悪者になってしまうことさえあります。

“人事制度は死にがち”ということは、残念ながら多くの経営者・人事担当者・従業員皆さんが実感されることでしょう。あまたの人事制度関連の書籍やコンサルティングサービスが存在しますが、藁にもすがる思いで利用したそれらも、人事制度を生き返らせることが難しいのにはわけがあります。「死ぬことを前提として考えていない」ということです。

本書は人事制度が死ぬとはどういうことか？　まずはそこから説明し、死なない方法、上手く活用する方法をお伝えすることで、「採れる・定着する・育つ」の好循環を生み出すお役に立つことを目的としています。

「死ぬ」という強い言葉を使っていますが、人事は企業の生き死にを左右するほど、重要なリソースです。各種制度をはじめとした人事施策を上手く活用することが競争力・差別化に繋がり、過酷な生存競争に勝ち残っていける企業へと成長させてくれる、まさに救世主になり得るのです。

本書における人事制度は、いわゆる狭義の人事制度と呼ばれる「等級制度・評価制度・賃金制度」に限らず、人に関する施策全般を指しています。

人事制度を上手く機能させるためにはどうすればよいか？　を考えるということは、『人事』そのものについて深く考えるということでもあります。人事制度が機能しない理由は、どちらかというと人事機能そのものが上手く働いていないことがほとんどだからです。

本書の目的は、どんな企業・組織でも上手く機能する〝特効薬〟のような制度の作り方をお伝えすることではありません。すべての企業・組織にもフィットする万能な制度は存在しないと言えるかもしれません。

この世の中に全く同じ企業・組織は存在しません。でも、あなたが所属している企業・組織にだけフィットする制度構築・運用の方法は存在します。

本書が皆さまの企業・組織の人事制度が救世主に生まれ変わる一助となりましたら、幸甚にございます。

川﨑純弥

【図 1】

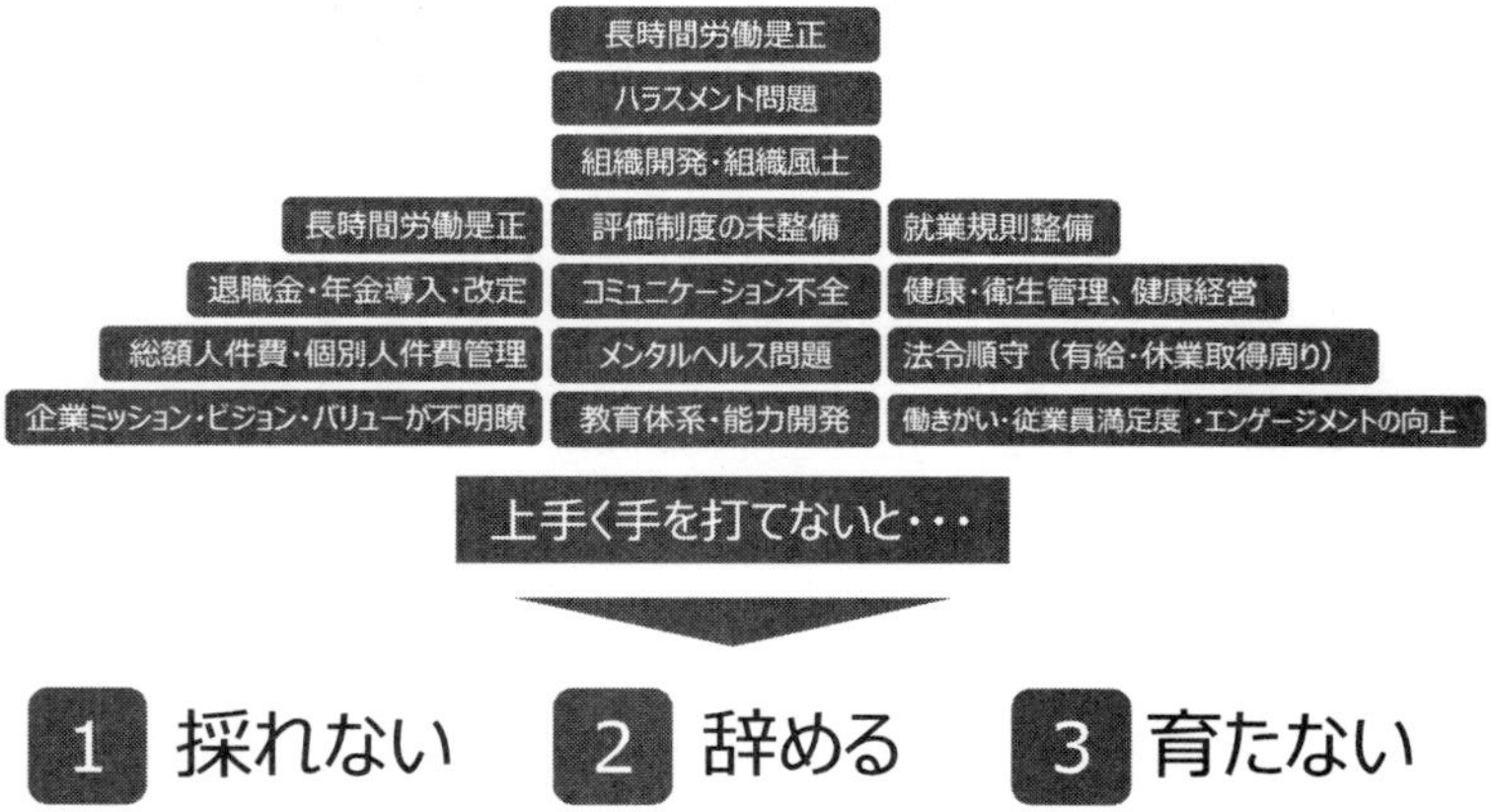
長時間労働是正
ハラスメント問題
組織開発・組織風土
長時間労働是正
評価制度の未整備
就業規則整備
退職金・年金導入・改定
コミュニケーション不全
健康・衛生管理、健康経営
総額人件費・個別人件費管理
メンタルヘルス問題
法令順守（有給・休業取得周り）
企業ミッション・ビジョン・バリューが不明瞭
教育体系・能力開発
働きがい・従業員満足度・エンゲージメントの向上
上手く手を打てないと・・・
1 採れない
2 辞める
3 育たない

目次

第1章　死亡編　生まれる前に死んでいる！「栄養不足型」……37

序章

共有認識と全体像

人事と人事制度の役割、関係性について

まずは本章に入る前に、人事の役割と人事制度の関係についてご説明いたします。

様々な考え方や解釈があると思いますが、本書を読み進めていただく上で共有いただきたい前提として、ご覧いただければと思います。

人事の役割とは？

人事の役割は大きく2つに分けることができます。

1つは、オペレーション人事。もう1つは経営人事です。

オペレーション人事は、給与計算、社会保険事務、採用業務、衛生管理など、担当業務の遂行を指します。

日々、社員の皆さんが当たり前のように享受している、働く上で欠かせない給与や福利厚生

をはじめ、研修受講管理や採用活動など、ルーティーン業務全般が含まれます。

一般的にパッと思いつく「人事部」のイメージに近いかもしれないですね。

もう1つの役割「経営人事」は、「経営目標の達成」に貢献するために、人に関する「再現性」を実現する役割を指しています。

経営資源としてヒトが一番大切と言われる理由は、他の経営資源、モノ、カネ、情報を使いこなすのが、人だからです。

この人に関する課題を解決しないまま置いておくと、「採れない・辞める・育たない」という状況が生まれてしまいます。

こうなると、経営目標、経営戦略、中期・単年度経営計画の遂行、達成が滞ってしまいます。

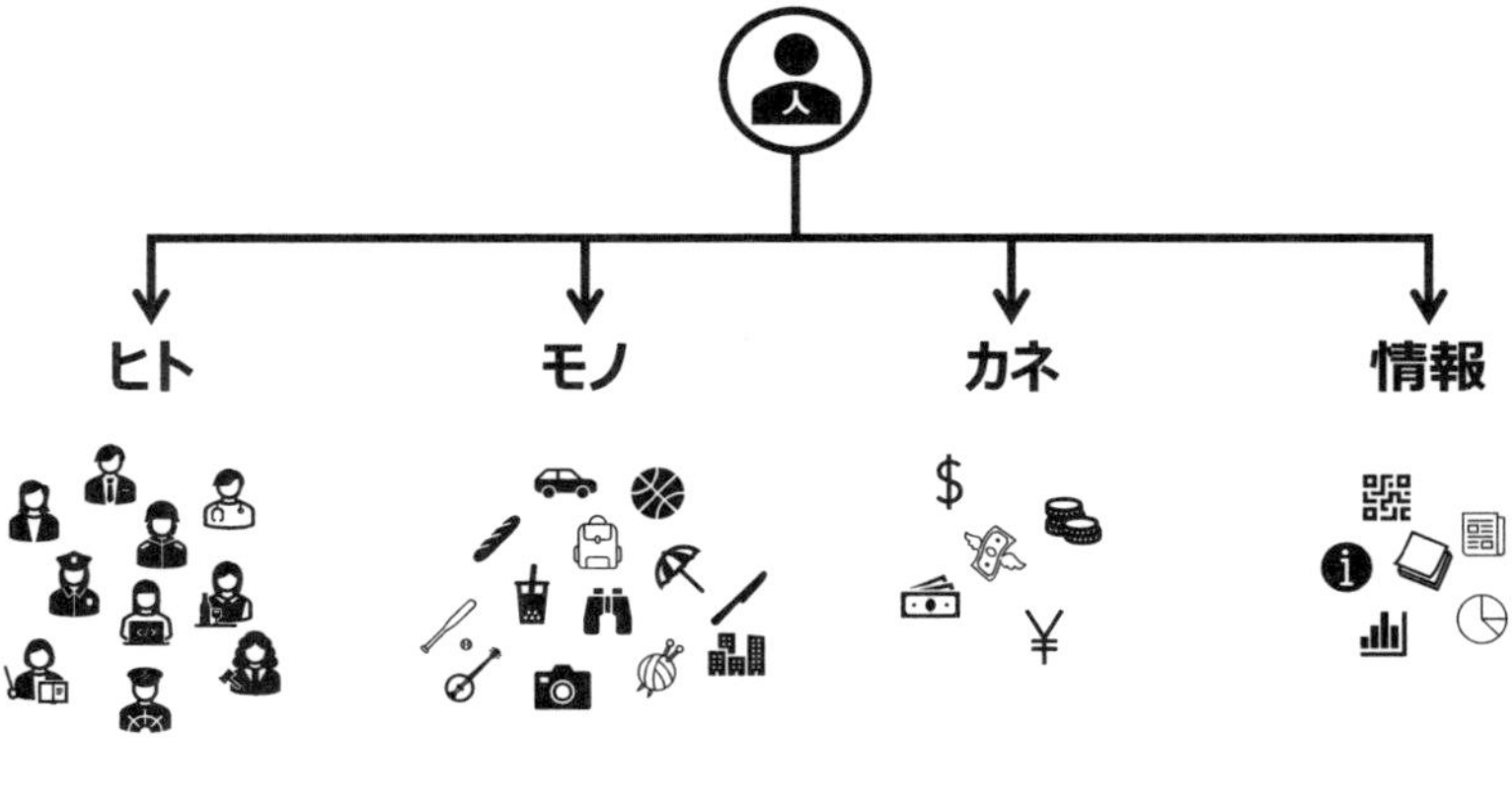

【図2】

なぜなら、先述の通り、経営資源を駆使してこれらの目標・計画に取り組むのは人だからです。

人に関する「再現性」に話を戻しますね。

ここでの再現性とは、『好ましい状況を何度（何時）でも、生み出せる状態にあること』、『好ましい状況を維持・継続できる状態にあること』を表しています。

具体的には、会社視点の再現性と社員視点の再現性の2つがあります。

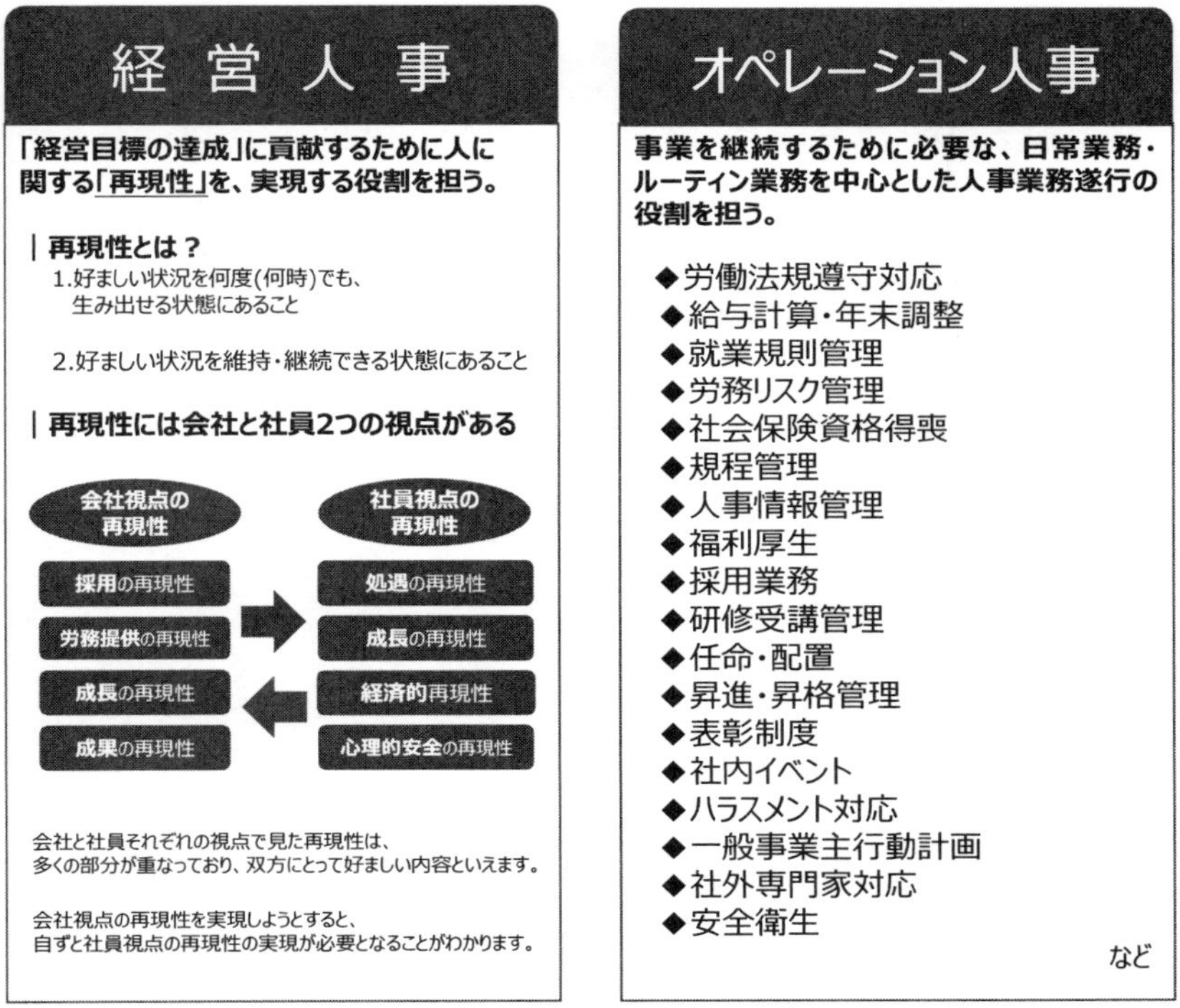
経　営　人　事
「経営目標の達成」に貢献するために人に関する「再現性」を、実現する役割を担う。
再現性とは？
1.好ましい状況を何度(何時)でも、生み出せる状態にあること
2.好ましい状況を維持・継続できる状態にあること
再現性には会社と社員2つの視点がある
会社視点の再現性
採用の再現性
労務提供の再現性
成長の再現性
成果の再現性
社員視点の再現性
処遇の再現性
成長の再現性
経済的再現性
心理的安全の再現性
会社と社員それぞれの視点で見た再現性は、多くの部分が重なっており、双方にとって好ましい内容といえます。
会社視点の再現性を実現しようとすると、自ずと社員視点の再現性の実現が必要となることがわかります。
オペレーション人事
事業を継続するために必要な、日常業務・ルーティン業務を中心とした人事業務遂行の役割を担う。
◆労働法規遵守対応
◆給与計算・年末調整
◆就業規則管理
◆労務リスク管理
◆社会保険資格得喪
◆規程管理
◆人事情報管理
◆福利厚生
◆採用業務
◆研修受講管理
◆任命・配置
◆昇進・昇格管理
◆表彰制度
◆社内イベント
◆ハラスメント対応
◆一般事業主行動計画
◆社外専門家対応
◆安全衛生
など

【図 3】

会社視点の４つの再現性

会社視点の再現性は、４つあります。

■採用の再現性

欲しい人材を欲しい時に確保できる（運に頼らない採用）

■労務提供の再現性

優秀な人が辞めずに働き続けてくれる

■成長の再現性

社員が現状維持に甘んじず、変化し続けて成長してくれる

■成果の再現性

社員が継続的に成果を出してくれる

会社から社員に期待する働き方や成果、働く期間が会社視点の再現性ということになります。人手不足の今、欲しい人材が欲しいタイミングで欲しい人数確保できるとすれば、他社との競争において、大きなアドバンテージになりますよね。ただ、せっかく採用できてもそれが偶然だったり、なぜ採用できたかわからない・・ということになると、経営計画や採用計画が立てづらく、立てたものの絵にかいた餅となってしまい、結局達成できないまま終わってしまうということになってしまいます。そのため優秀な社員を欲しい時に欲しい人数確保できる状態を維持し、何度も再現する必要があるのです。

また、採用の再現性を実現できたとしても、入社後すぐに辞めてしまっては意味がありません。採用活動には多くの費用と時間が費やされていますし、成果を期待して採用するわけですから、採って終わりということは決してありません。基本的には、短期間での離職を前提とせず、ある程度長期間勤めて成果を出してもらうことを期待しているでしょう。この、期待する期間働いてもらうことを、労務提供の再現性と呼んでいます。別の言い方をすると、定着して欲しいということですね。

そして、採用時には期待していた働きぶりを見せてくれていた社員も、月日が経つにつれパフォーマンスが下がってくることもありますし、そもそもミスマッチを起こして期待通りの働きぶりが見られないこともあります。

そうなると、経営目標が予定通り達成できなくなる可能性にも繋がりますので、たとえ一時パフォーマンスが下がったとしても、中長期の視点で見た時に全体として期待値に達する貢献をしてもらえるよう、成長し続けて欲しいと会社は考えています。

最後の再現性は、成果を出し続けて欲しいというものです。成長の再現性に似ていますが、能力は高いものの、モチベーションや成果にムラがある人も少なくはありません。会社は持っている力を精一杯発揮してもらい、いつも期待値を超える成果を出して欲しいと考えるものです。

社員視点の4つの再現性

次に社員視点の再現性についてみていきましょう。

社員視点の再現性も4つあります。

■**処遇の再現性**

一部の人の好き嫌いで評価されず、同様の成果を出せば、同様の処遇（昇進・昇格・昇給・インセンティブ）が約束されている

■**成長の再現性**

この会社で働き続けることで、

○自分がなりたい姿、在りたい姿になることができる

○身につけたい能力を身につけられる

○やりたいことができる

という、キャリアの展望がイメージできる（＋労働市場上の価値を高められる）

■**経済的再現性**

会社の業績が安定していて、賞与・昇給を含めた、経済的利益を継続して得られる

■心理的安全の再現性

○従業員それぞれの価値観や多様性を認める文化がある
○従業員相互で良い人間関係を作れるような、機会や仕組みがある
○リーダーが率先して様々な人の意見や質問を聞いている
○声の大きい人の意見を重視するのではなく、その内容で判断される
○チームで共通のビジョンや目標を持っている
○自分がチームの役に立っていると感じられる（居場所を感じる）

社員視点の再現性は、自分自身のキャリアビジョンや生活の質、成長、公平性など、同じ働くということに時間を費やすのであれば、「こういう環境、こういう会社で働きたい」という望みをまとめた形となっています。

まず、処遇の再現性については、わかりやすく言うと、自分の頑張りや働きぶりをちゃんと見てもらえるのか？　ちゃんと評価してくれるか？　適切に処遇してくれるか？　という視点です。ある人が80点を取って課長に昇進し、給与が50000円UPしたのに、自分は90点を取って係長のまま、給与は定期昇給3000円のみ・・だったら、処遇の再現性があるとは言

えません。同じ90点という成果を出したなら、同じ処遇にというのが社員から見た処遇の再現性です。ただし、単純に獲得した点数以外にも、処遇を決定づける要素があるのであれば、それを明確にして説明する必要があります。こういった説明責任を果たすなどのコミュニケーションをとることも、処遇の再現性には必要なことです。

次に、成長の再現性です。これは、会社視点の方にも同様のものがありました。

社員視点ではどのように見えているかというと、会社を大きくしたい、成長させたいということではなく、あくまでも、自分自身が成長できる環境にあるのか？　成長できる機会を得ることができるのか？　労働市場における自分の価値が高まるか？　という視点の再現性ということになります。

例えば、今扱っている商材は時流の後押しもあり大ヒットを飛ばしている。今の会社でしかできない貴重な経験や学びを得るこ

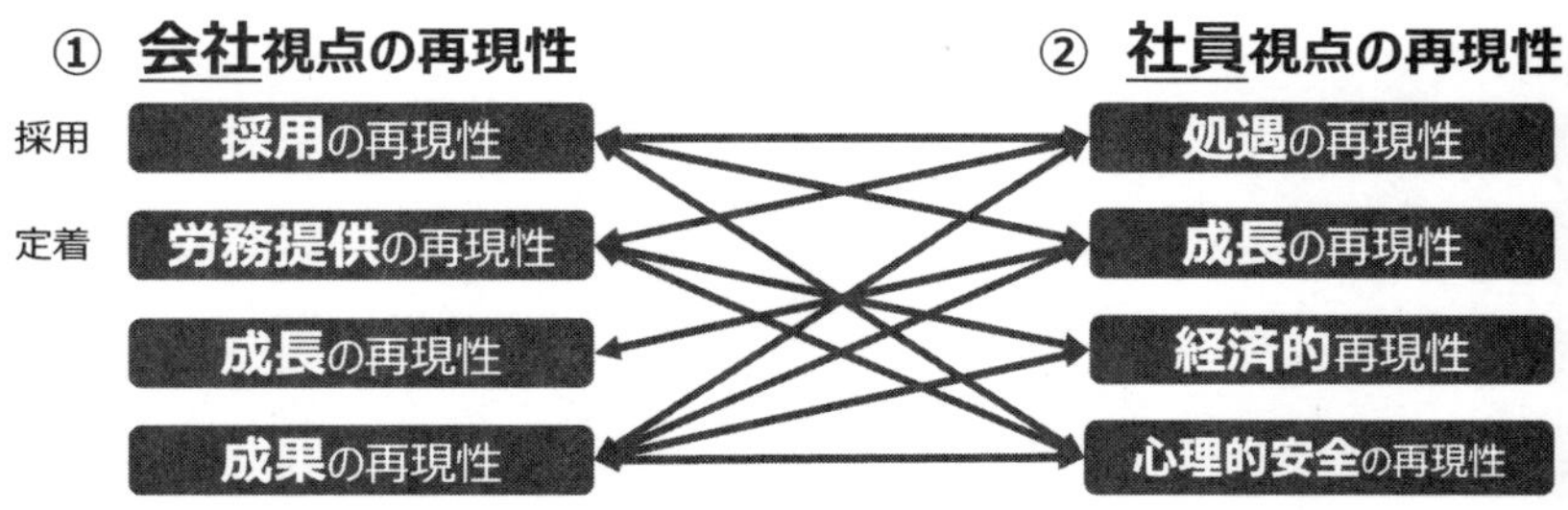

【図 4】

とが出来ているが、一過性の流行とも言われている。戦略的に次の波を起こすことは難しく、この先は同じ仕事の繰り返し作業になってしまいそう・・。こういった場合は、今は成長できるけれども、将来的に成長し続けられるかと考えた時に、その可能性が低いため成長の再現性がないということになります。

シンプルに尊敬できる先輩・上司がいない。なども再現性を欠いている状況にあると言えるかもしれません。年功序列や前例主義がはびこっている場合も、チャレンジする機会や成長する機会が少なく、成長の再現性がないと言えるでしょう。

あくまでも、自分が継続して成長できるかどうか？　が社員視点の成長の再現性となります。

次に経済的再現性ですが、これは単純に会社の業績が安定しているかどうかです。

賞与は業績連動の場合が多いですので、業績が安定し賞与が満額出るかどうかは大きなポイントです。場合によっては、定期昇給も見合わせる場合がありますし、そうなると経済的な安定が崩れてしまい、生活の基盤である収入源が揺らいでしまいますので、経済的再現性（業績の安定）は社員から見るとあって当然のように考えられているものかもしれません。

最後の心理的安全の再現性は、総じて自分が尊重されている、大切にされていると感じており、会社が自分にとっての居場所の1つとなっている状況かどうか、ということです。

お金や地位、職位、権限など、いわゆる衛生要因と言われるメリットだけではなく、動機付け要因となり得るメリットも感じ続けられるか？　ということが心理的安全の再現性です。

「参考：ハーズバーグの二要因理論」

会社と社員それぞれの視点で見た再現性は、多くの部分が重なっており、双方にとって好ましい内容といえます。

また、会社視点の再現性を実現しようとすると、自ずと社員視点の再現性の実現が必要となることがわかります。

会社視点の再現性と社員視点の再現性はwhatとhowの関係となっています（whyは経営目標の達成です）。

整理すると、

why（なぜ）：経営目標を達成するためには、

what（何を）：会社視点の再現性を実現する必要があり

how（どうやって）：それは、社員視点の再現性を実現することで成し得る

ということになります。

言い換えると、社員視点の再現性が崩れてしまうと、会社視点の再現性が実現できない。

そして、会社視点の再現性が実現されないと、経営目標の達成が難しいということになります。
①社員視点の再現性を実現することで
②会社視点の再現性を実現することが可能となり
③経営目標を達成することができる
順番としては、まず社員視点の再現性を実現させていく必要があるというわけです。

人事制度の役割

ここまで人事の中の経営人事の役割をご説明いたしました。

それでは次に、人事と人事制度の関係について、ご説明いたします。

会社・社員双方の再現性を高めるという目的を達成するために用いる手段が、「人事制度」です。

これにより、人に関する側面から経営目標達成に貢献します。

人事制度とは、再現性を作り出すために

1．基準・ルールを決めて

2．定点観測（変化の推移を見る）を行い

3．処遇に反映させる仕組みのことをいいます。

1．基準・ルールを決める

基準は、賃金決定の基準、評価の基準、昇進の基準、昇給の基準、賞与査定の基準、など主に最初は会社が決定するものです。

2．定点観測（変化の推移を見る）を行う

定めた基準・ルールに則って、一定期間の社員の働きぶり、成果を定点観測（変化の推移を見る）します。

3．処遇に反映させる

貢献度を給与・賞与・昇格・異動・配置などの処遇に反映させていきます。

これらの仕組みを狭義の人事制度と呼び、等級制度、評価制度、賃金制度の３つの制度を指しています。

ここに、教育制度や採用戦略などを加え、広く「人事制度」と呼びます。

このほかにも、人材開発、タレントマネジメント、キャリアドックなど人事に関する仕組みや制度は多数ありますが、本書では、等級・評価・賃金・採用・教育を中心とするあらゆる制度を人事制度として捉え、お話をさせていただきます。

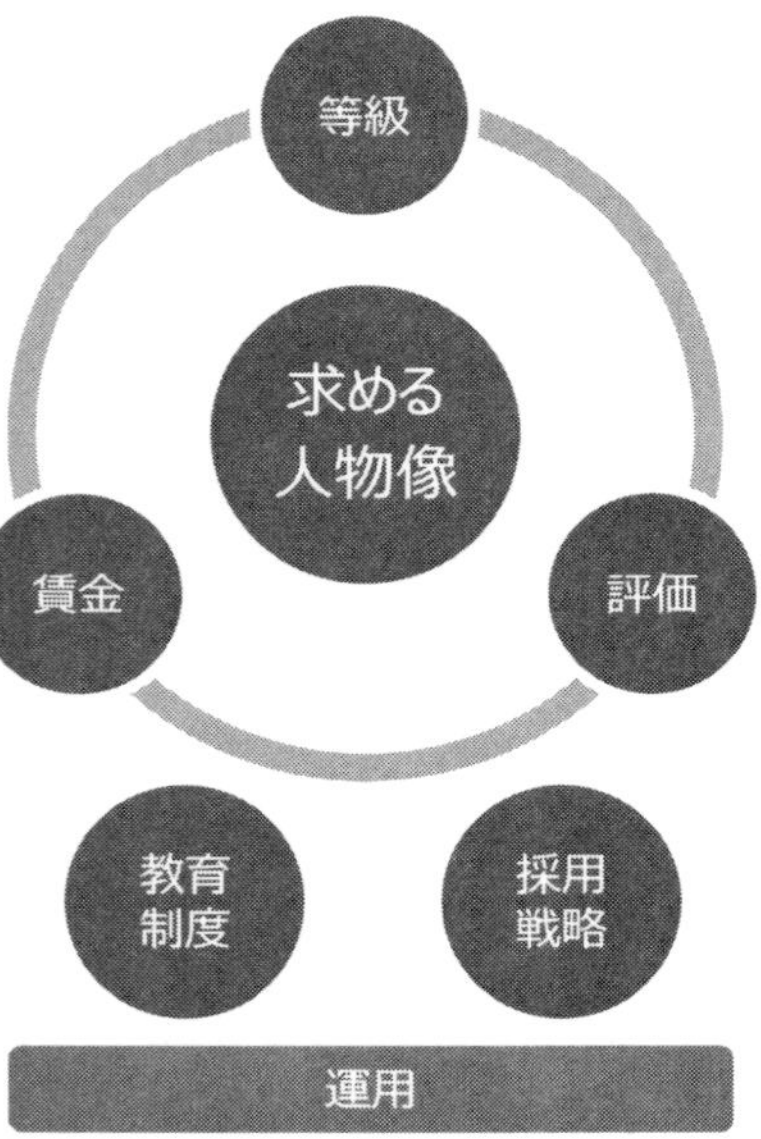

【図 5】

前段がずいぶん長くなってしまいましたが、読み進めていただく上で、人事・人事制度の関係や内容について見失ってしまわれましたら、ここに立ち返って、思い出していただけましたら幸いです。

死亡フラグの概要説明

人事制度が死ぬとはどういうことか？

早速ですが、人事制度における死とはどういう状態なのでしょうか？　それは、非常にシンプルです。

人事制度があるにもかかわらず、「優秀な人・採りたい人を採用できない」、「優秀な人・長く働いて欲しい人が定着しない・辞めてしまう」、「求める人物・期待するパフォーマンスに達する人へと成長できる人が少ない」という状況に陥っている状態です。本来人事制度が持つ効用を得ることができていないということです。本書ではこの状態を「人事制度の死」と呼びます。そして、この死は大きく「栄養不足型」「過干渉型」「ネグレクト型」の3つに分類することができます。

育児と関連強いワードばかりが並びますが、割と耳馴染みのあるもので、専門的な用語が多く出てくる人事関係のワードと比べると、イメージしやすいかと思います。組織や社会においても、例えば管理職教育、新入社員教育、そして、各種の施策、プロジェクト、制度に対しても、これらのイメージが当てはまる場面は少なくないと考えています。

人事制度についても例外ではありません。手もかかるし、時間もかかる、お金もかかる。それでも関わり続けなければ、誰にとっても良い結果は生み出せない。それが人事制度です。無ければ無いで人に関する悩みは増える一方ですし、あったらあったで扱いが難しい。

本章では、それぞれの型について概要を説明し、以降の章でその詳細をお伝えしていきます。

とにかく死にやすい！　人事制度【死】の類型

生まれる前に死んでいる！「栄養不足型」

「栄養不足型」は、人事制度を導入するメリットやデメリット、得られる効果やその代償として費やさなければならないコスト（費用・時間・モチベーション）等を理解しないまま見切り発車してしまうことで、本来の効果を得ることができない状態に陥っているパターンを指します。

制度運用が始まる前に既に死んでいるパターンです。人事制度そのものに対してアレルギーを持つ可能性が高まることが、栄養不足型の罪深いところです。

導入側（経営者や人事部門）以外の従業員にとってみると、救世主どころか時間と手間がかかるだけのお荷物扱い。人に査定されるような嫌な感覚を学習してしまうことにも繋がります。こうなってしまうと、採れない・辞める・育たないの負のスパイラルに陥ってしまい、人と組織そのものの成長スピードが落ちてしまいます。

実際に人事制度導入がきっかけで、会社としてはコア人材として活躍してもらえるだろうと考えていた優秀で必要な人ほど、会社を見限って去ってしまったという話を聞くことが少なくありません。会社をどのように成長させたいか。その為にはどんな人材が必要なのか。どうやって必要な人材を確保するのか。それらの基本的な人に関する考え方や方針が決まっていないまま、なんとなくでそろそろウチも…とやってしまうと、思っていたのと違う。全然役に立たない。となってしまうのです。

この型への対策は、なぜ人事制度を導入するのか？　本当に今必要なのか？　導入後にどうなっていいたいのか？　をしっかりと考えておくことです。理想の組織、在りたい姿、従業員に望む求める人物像をワクワク・ドキドキした気持ちで話し合うところからスタートです。

いじくり回されて死ぬ！「過干渉型」

「過干渉型」は、既に人事制度を導入したものの思うような効果が上がらず、定期不定期関わらず、ことあるごとに制度の改訂を繰り返し、マネージャーや社員が振り回されますます状況が悪化してしまう型です。経営者・人事責任者などが書籍やインターネットの情報や、顧問コンサルタントの助言等に影響を受け、十分な現状分析、検証を行うことなく制度をこねくりまわすことが特徴です。

これによって、制度が死にます。現場のマネージャーや社員からすると、「またかよ…」、「毎回毎回何の意味があるのか…」、「そこじゃない。全然わかっていない」という不満のブースターのようなものになってしまい、救世主どころか悪の化身のような良くないもの、という印象が強く刻まれてしまいます。

いじくり回す内容はいくつかのパターンがありますが、共通しているのは制度を使う側（マネージャー・社員）の視点が薄く、複雑化による運用難易度が高じて時間と手間だけが増えてしまうということです。

人事制度は納得性を高めることが最も重要な効用であり、これが制度設計・導入・運用の目的です。数多くの企業がある中で、「納得して、自分の人生の一部を今の会社で働くことに費やしている」という状態にいかにして持っていけるかが重要なのです。

自分の方が優秀なのに彼よりも評価が低い。給与が低い。他社の方が働きやすい。他社の方が働きがいを感じられそう。頑張っても評価されなければここにいても意味がない。会社の考え方についていけない。上司とそりが合わない。上司がわかろうとしてくれない。など、人に関するあらゆる具体的な問題を解決する力が人事制度にはありますし、このような課題を解決し、働く皆さんに納得して今の会社にいるという選択肢を積極的に選択してもらうことが大切です。

そのために必要な視点が現場目線、使う側の目線であり『参画性』なのです。参画性とは、自分たちの意見や考えが採用される、もしくは反映される、影響力を持つ割合のことを指し、人事制度に必要な４つの要素。すなわち、『公平性』、『客観性』、『透明性』、『参画性』の１つに位置しています。

人事制度は100点満点はありえません。なぜなら、入退社による構成員の変化や景気や競合等外部環境の変化、自社の設定する戦略・目標の変化を受け止めて、求める人物像や評価すべき内容を変えていかなければ、最大限その効果を発揮することが難しくなってくるからです。要は陳腐化していくのです。

そうならない為に必要なのがPDCAを回し、よりよい形に変えて行くという考え方と姿勢、実行力です。いじくり回して死ぬ型の問題点は、一部の権力者や影響力が高い方が現場の意見を聞かないことで『参画性』が低く、場当たり的な対応に終始し、周りを振り回しながら「改悪」していくところなのです。

同じ変えていくという行動の源泉は何なのか？　これによって、結果が大きく変わってしまうということなんですね。自己満足でいじくり回すと死に、しっかりと目的意識や使う側の視点を持って改善を重ねることで活きてくるということです。

放っておかれて死ぬ！「ネグレクト型」

「ネグレクト型」は、過干渉型の反対で、ちゃんとメンテナンスをしないことにより、制度が陳腐化して、人事評価を中心とした制度全体がルーティン化してしまい、効果を十分得ることができず死んでしまう型です。

これもよく聞く話だとは思いますが、人事制度の見直しは重要度は高いと認識されつつも、緊急度が低いという位置づけをされてしまい、中途半端に着手しては別の課題を優先されてしまい、結局今まで通りの流れ作業のような状態が続くという特徴があります。

こうなると、時間と手間だけ食う面倒くさい作業。人と比較されて査定されるモチベーションが下がるもの。頑張っても頑張らなくても同じ。…のような不満の温床と化してしまうのです。これぞまさに制度が死んでいる状態と言えますね。

何度かこねくりまわされた成れの果てであるパターンもあります。最初は興味と期待が大きく、より効果的・効率的に制度運用を行うことに注力していても、要点を抑えていなければ改悪につながることは前項で説明した通りです。

本人たちは改善のつもりでも、結果として改悪が繰り返されることにより、変える側もそれを使わされる側も疲弊してしまい、人事制度への期待や興味自体が薄らいで行き、結果として放っておかれてしまうことも少なくありません。何をどう変えれば良いのか？　ここは非常に難しく、専門的見地も必要となるところです。

人事制度は扱いが難しく、放っておいても死にますし、触りすぎても死にます。とはいえ、上手くいった時に得られる効果が高いだろうことは皆さん感じているところでしょう。そうした期待を裏切らないためには、少々コツが必要なのです。

死を克服する基本的な考え方と姿勢

人事制度が上手く機能することによって得られる効果をざっくり整理すると、次の3つです。

「自社にとって優秀な人・採りたい人を採用することができる」

「自社にとって優秀な人・長く働いて欲しい人が定着し、長く勤めて活躍してくれる」

「求める人物・期待するパフォーマンスに達する自律した人へと『成長』してくれる」

人事制度の死の概念と反対ということですね。そして、おわかりのように会社の業績ＵＰ、成長に直接的に関与する重要な要素なのです。３つの死亡フラグの型を押さえることにより、人事制度は目的をしっかりと果たしてくれて救世主に生まれ変わってくれる、もしくは救世主として生まれることができるようになります。

順番、タイミング、手間と時間を認識し、正しく期待する

人事制度はそれそのものはあくまでもハードウェアですので、ソフトウェアがあって初めて正常に機能します。例えば、年功色が強すぎて成長目覚しい優秀な若手ほど、将来を憂いて離職してしまうので、年齢給を廃止して成果給を導入する場合、ここでいう年齢給、成果給はハードウェアを形成するパーツの一部でしかなく、○○評価や○○給等のパーツそのものに大きな意味はありません。

極端に言えば、年功序列でも終身雇用を維持することができ、競合他社よりも優位性が高く成長し続けられるのであれば、人事制度を変える必要はありません。むしろ変えない方が良いでしょう。大切なのは、何を現状の課題として認識しているのか。その課題によってどのような不利益が生じ、それらを解決する方法として本当に人事制度がふさわしいのか？　という目的意識と因果関係の明瞭さです。

今抱えている会社の課題は、「人」に関する課題を解決することにより状況がよくなるのか？人事制度を導入することで得られる効用を正しく理解しているか？　また、その理解を齟齬な

く共有できているか（少なくとも役員・マネージャー内で）？　ここをクリアして初めてスタートラインに立つことができると言えるでしょう。

このステップを踏まずに、なんとなく人事制度を導入してしまえば、当然目的も得られる効用もぶれてしまい、マネージャーや社員は面倒なことが増えたと感じるだけになってしまいます。ポイントをおさえながら、正しい順番でしっかり時間と手間を掛けて作り上げていく。更に作った時間よりも時間と手間を掛けて運用・メンテナンスする。ここが人事制度が死なないための「肝」になってきます。

反発や不満を恐れず、覚悟を持って社員と向き合い話し合い、コミュニケーションを重ねてブラッシュアップを意識し続けましょう。

誤った認識を持ちやすく、組織全体をミスリードさせてしまいがちな人事制度。陥りやすい死亡フラグ事例を明示しながら、死亡を回避していきます。

フラグを立てないように気をつけながら、やるべきことを丁寧に積み重ねた暁に、「採れる・辞めない・育つ」という経営者にとっても社員にとっても素敵と思える組織に成長いたします。

短期間での成果を期待しすぎず、長期的な視点と覚悟を持って取り組めば、必ず成功につながります。地道なトライアンドエラーの継続が大切です。

第1章

死亡編

生まれる前に死んでいる！

「栄養不足型」

人事制度に何を求めるか？

そもそも、人事制度が何をしてくれるのか？　何を期待できるのか？　この点をなんとなくで捉えている経営者の方、人事部門の方は少なくありません。例えば、導入を検討されるきっかけは、下の図6のようなものが多いでしょう。

これらの多くは死亡フラグです。なんとなくノリで導入し、生まれてくる前に死亡する典型的なパターンです。人事制度は誰にとっても都合のいいだけの便利屋ではありません。非常に脆く、死にやすく、育てにくい、繊細なやつなのです。生まれる前に死ぬパターンの根幹は、人事制度導入に関して正しい認識が出来ていないことにあります。

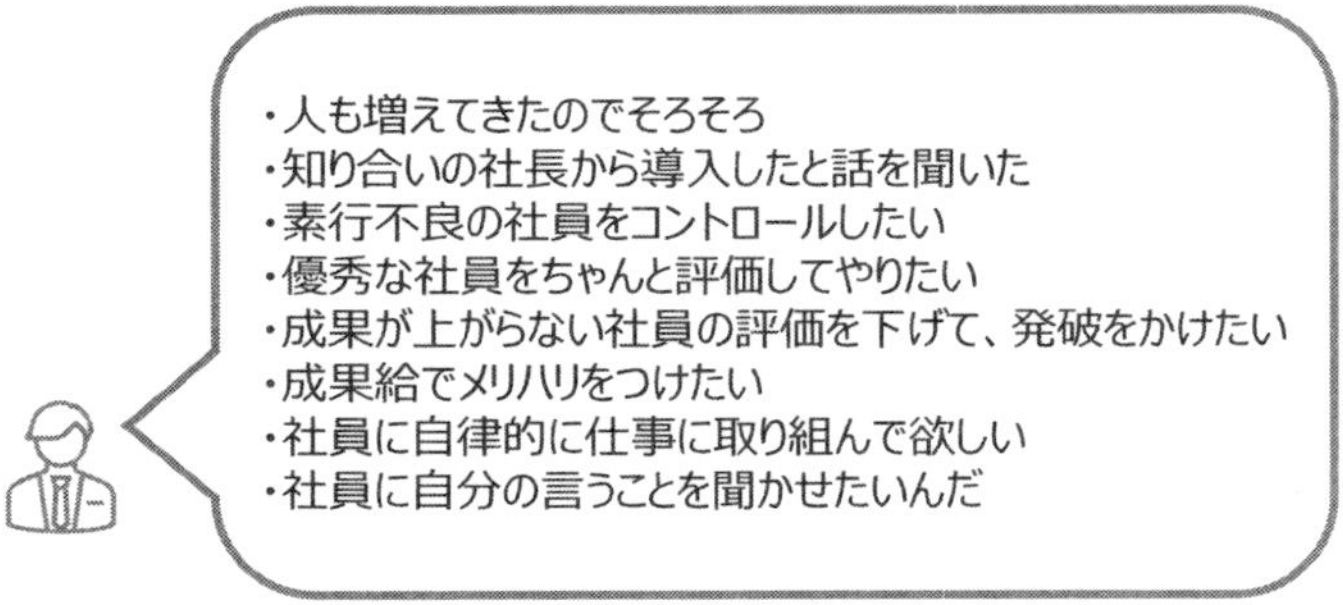
・人も増えてきたのでそろそろ
・知り合いの社長から導入したと話を聞いた
・素行不良の社員をコントロールしたい
・優秀な社員をちゃんと評価してやりたい
・成果が上がらない社員の評価を下げて、発破をかけたい
・成果給でメリハリをつけたい
・社員に自律的に仕事に取り組んで欲しい
・社員に自分の言うことを聞かせたいんだ

【図６】

作成・導入の目的がブレている

人事制度を導入する場合以下の事項について、しっかりと自分の考えを持って説明できることは最低限必要です。

人事制度の作成・導入は目的ではなく手段です。人事制度は、ただのツールに過ぎません。会社をどうしていきたいのか？　その為に、社員にどうなって欲しいのか？　それらが実現された暁にはどのような輝かしい未来が待っているのか？　それらを見据えることが大事なのです。

まずは、今抱えている課題は何なのか？　を正確に認識します。例えば、中長期経営計画を予定通り遂行し、目標を達成するためにどのよ

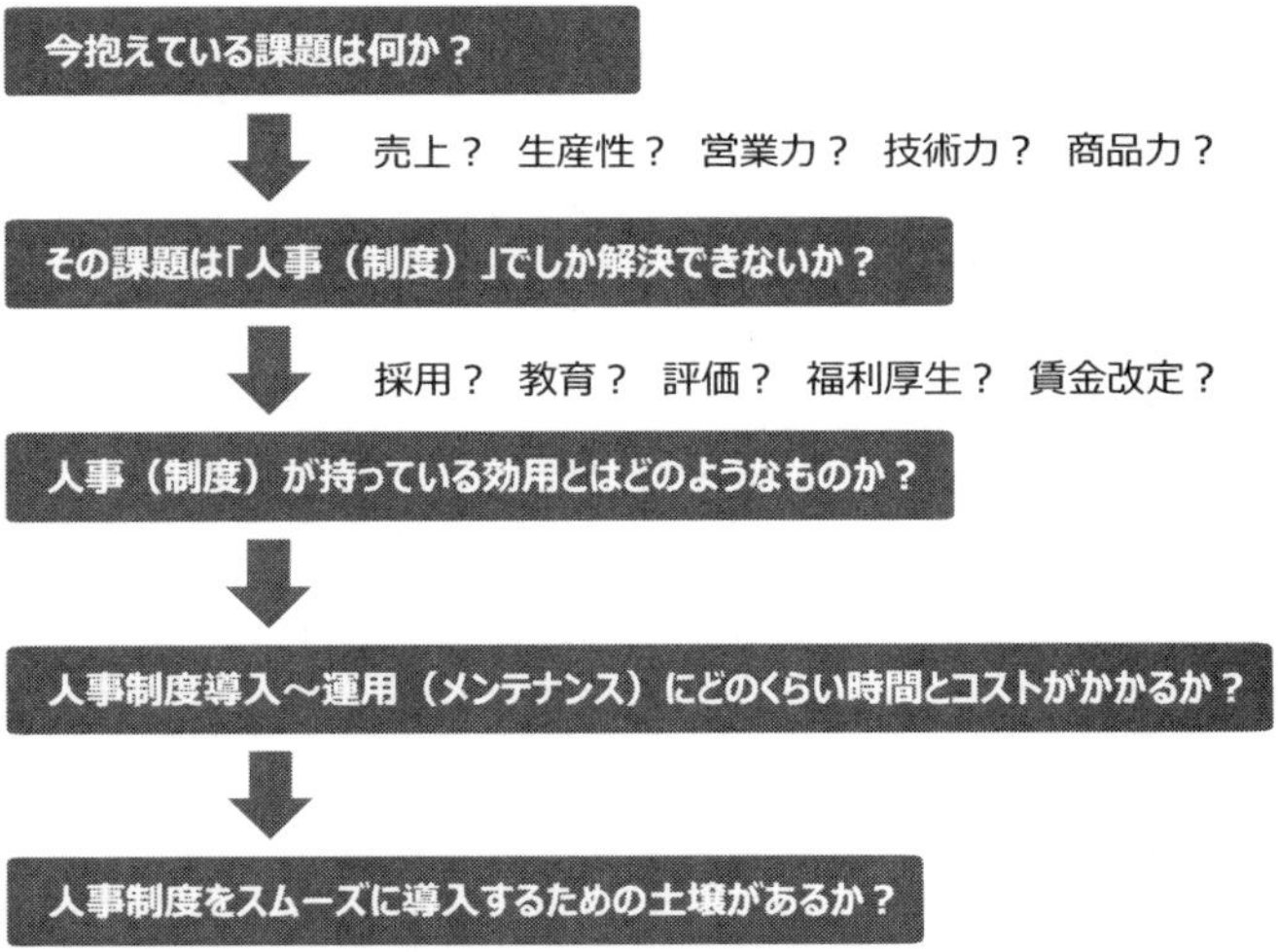
今抱えている課題は何か？
売上？　生産性？　営業力？　技術力？　商品力？
その課題は「人事（制度）」でしか解決できないか？
採用？　教育？　評価？　福利厚生？　賃金改定？
人事（制度）が持っている効用とはどのようなものか？
人事制度導入～運用（メンテナンス）にどのくらい時間とコストがかかるか？
人事制度をスムーズに導入するための土壌があるか？

【図7】

うな障害や課題があるかを考えた場合、人以外の経営資源（リソース）である物・金・情報・時間のみで十分解決できる場合は、人事制度や制度改定は必要ありません。

今いる人材が優秀でリソースを駆使して他社よりも優れた物・サービスを世に提供し、その価値が社会に必要とされているのであれば、時間もお金もかかる人事制度構築、導入によって折角の好況をひっくり返してしまうことにもなりかねません。人事制度はどんな状況においても状況を更によりよく変化させる万能のツールではないのです。

では、どのような障害や課題に対して人事制度が解決の糸口となり得るのでしょうか。それは、先ほどの状況とは反対に、人以外のリソースを駆使しても解決できない場合。あるいは、他のリソースを上手く使いこなせない場合。そして、リソースを上手く確保できない場合です。

例えば、

○生産性向上の為に抜本的な改革が必要だが、そういった能力を持った社員がいないので育成制度を整えたい

○優秀な社員ほど辞めてしまい、中長期戦略を計画通り遂行できなくなることが恒常化している

○中途採用者がことごとく早期離職し、採用業務をクローズできず手がけたいプロジェクト

が延び延びになっている
〇成果を上げている中堅社員ではなく、社歴が長く成果が出せていない年配社員のほうが給与が高い

こういった問題は、場当たり的に対応してしまうとイレギュラーがレギュラー化し、特定の誰かは納得しても、反面それ以外の新たな不満を生むという負の連鎖にはまってしまいます。

社員視点の再現性を実現するには、「納得感」が大事
常に納得するとはどういうことか？

人はそれぞれ、一人一人違った価値観を持っています。譲れない信念や、自分が大切にしている価値観。給与ややりがい、社会貢献度、労働時間。それぞれの要素が複合的に折り重なって、数多く存在する企業の中でなぜ今この会社に勤めているのか？　意識している、していないに関わらず、その理由は必ず存在しています。

もちろんなんとなくという人もいるでしょうが、自分の会社と他社を比較した場合、「A社

には転職したいけどB社に行くくらいなら、今の会社にいるよ」ということもあるでしょう。少なくとも、「不満はあるけど辞めるほどではない」のであれば、辞めるラインは必ず存在していて、それはその人の価値観が大きく影響してるのです。

会社組織ではそれぞれ違う価値観を持った人達が大勢集まって、一緒に働いています。100人いれば100通りの価値観がありますので、全員に納得してもらうことは難しいでしょう。でも、そこを目指して努力し続け、あらゆる手を尽くしていくのが人事なのです。そして人事制度はその手段の1つです。評価制度、賃金制度、教育制度、採用、福利厚生、それらも社員の働きやすさ、働きがいを向上させるツールなのです。何のためか？　社員が納得して今の会社で働くということを積極的に選択できるようにするためです。

人は学歴、職務経歴、転職回数、経験職務、年収、職位、年齢、勤務地、転職市場の状況（売手か買手か）社内の立場・立ち位置、働きやすさ、働きがい。これらの条件を頭の片隅、奥底に認識し、今現時点の自分が働く場所を選定しています。これに、自分の価値観がミックスされて納得度が決まっていきます。転職活動などの際、自己分析によりこれらを棚卸しますが、普段はなかなか意識することはないでしょう。

同じ人でも会社での日々のあらゆる出来事、経験の積み重ねによって気持ちや価値観は変動します。納得度は常に揺れ動くのです。

人は感情の動物と言われるように、最終的になにか大きな行動をとるときには何かしらの「心の動き」があるはずです。もちろん嫌で辞めるではなく、より高みを目指して転職を希望する場合もあるでしょうし、嫌で辞める場合もそうですが、いずれにしても歯磨きをするように、日常の延長として転職・退職を決める人はいないでしょう。

感情は日々移ろい、それは人の数だけ等しく存在すると考えると、社員全員の納得度を最高に保つことは不可能です。不可能を可能にするのではなく、あくまでも不変的な目標として見据えながら、人事（制度）も変わり続けていくことが大切です。

人事は社員の声に常に耳を傾け、コミュニケーションを図り、独善性を排しながら謙虚に変化を続ける覚悟が

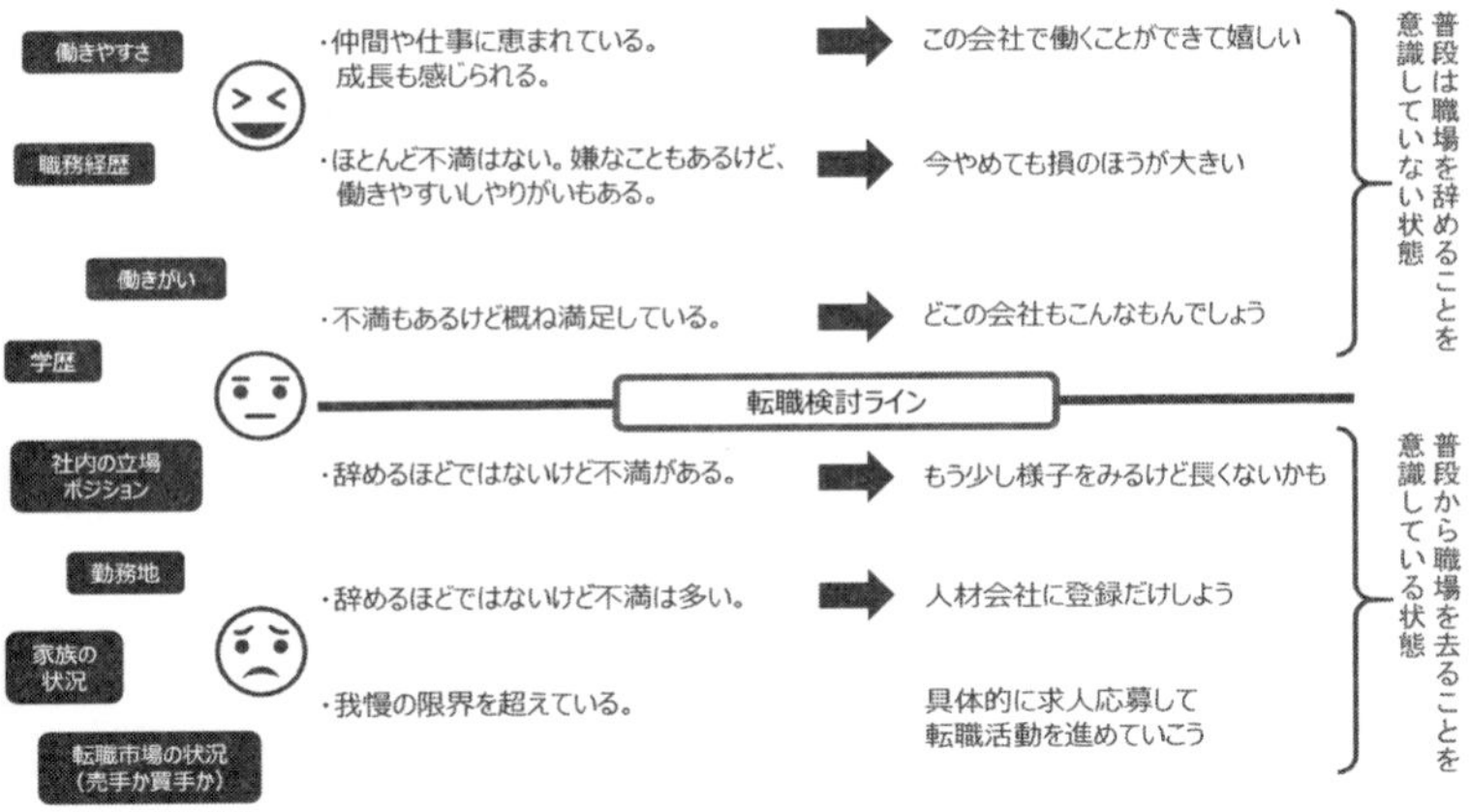

【図８】

必要です。

そういう意味では、人事というのはまさに生物《いきもの》です。最適な形はどんどん変わっていきます。それをしっかりと把握し、速やかに手を打ち続けて社員の納得度を上げるために、人事制度を利用します。

人事制度は導入して終わりではありません。8対2で運用の方が大切と言われます。導入して、初めてスタートラインに立ったようなものです。しかも繊細でややこしく死にやすい。軽い気持ちで導入しようとすると、かえって逆効果をもたらすのは、人事制度は社員のため（納得度向上のため）に使いこなすツールであり、日々移り変わる何人もの社員の感情や感覚、気持ちに寄り添い続けて、適宜メンテナンスを継続するという、時間とお金というコストがかかる大変なものという認識が欠けているためです。

こういった前提をちゃんと理解出来ていない、本章冒頭に列記した導入理由・目的は死亡フラグだということが、お分かりいただけると思います。

生まれる前から死亡フラグが立っている1つ目の理由は、人事（制度）のもつ力やそれらを使ってどうなりたいのか？　何のために導入するのか？　というブレない目的意識の欠如です。

一番大切なのは覚悟と本気度です。逆に言うと、それがあれば人事制度を導入して使いこなすることができる可能性はグンと上がります。

納得度が高ければモチベーションを維持することができ、パフォーマンスの向上に繋がります。経営目標・計画を達成するために、これらは大きく影響してくるのです。

死亡フラグが立ったままスタートすると・・

正しい認識と目的意識がなく、「なんとなく」という死亡フラグを立てたままスタートすると悲劇的結末が待っています。誤った認識やなんとなくとはいえ、人事（制度）に対して、期待しているからこそ導入しようと思い立つのでしょう。

実際に制度構築に着手すると、思わぬ反対勢力の抵抗に遭うこともありますし、時間も手間も想定よりもかかることもよくあります。こんなにいいことづくめの人事制度の良さをなぜ理解してもらえないのか…と孤立することもあります。このように導入までのプロセスでも、あれ？　こんなはずじゃなかったのに・・という痛い目に遭うことも多いでしょう。

一方、社員からすると今までも評価や昇進昇格の基準に対して不満はあるものの、いざ明確に基準を作るとなると、査定されているような気分になる。人と比較されるのが嫌だ。自分の頑張りを正当に評価してもらえるはずがない・・など、まず不安に感じる方の方が多いのが現実です。

マネージャーにとっても、単純に人事評価という『業務』が増えると感じることが多く、多くのプレイングマネージャーはアレルギー反応を起こします。

マネージャー・管理職の重要性

日本の管理職はマネジメント能力を評価されて役職に任命されるのではなく、それぞれの専門的職務能力向上の延長線上に管理職への昇進が位置づけられていることが多いです。

管理職になるまでの道のりとして、新入社員↓一人前担当者↓業務遂行のエキスパート↓小規模チームのリーダー↓管理職というステップが一般的ですが、一連の昇進の基準は明確でないことが多く、職務の幅、深さ、量、質をなんとなくで見計らい、あくまでも職務遂行能力の優劣と組織バランス（社歴・年齢等）によってどの役職に就くかが決まっていきます。明確な昇進ルールが存在していても、ルール通りに運用されていないこともよくあります（権限者の鶴の一声や予期しない欠員補充）。

部門・チームの成果にコミット（責任を持って取り組む覚悟）し、チームメンバーの成長やモチベーション向上などの、マネジメント能力を正しく認識できている企業が少ないのです。事実、多くの調査で人に関わる課題、教育関連の課題では常に管理職教育がランクインしています。

インターネットで閲覧可能な調査結果もたくさんありますので、「人事課題アンケート」、「人事課題調査」などのワードにて是非検索してみてください。

人事評価や部下の労務管理はマネジメント業務の基本ですが、職務遂行の熟練度によって役職任命される日本の仕組みにおいて、これらのマネジメント業務はいままでやってこなかった新しい業務という位置づけになるのです。

当然会社はこれまでの職務遂行にも期待していることが多いので、プレイング（職務遂行）とマネジメント（部門運営、人事考課、労務管理等）両方を担うことが管理職のデフォルトになってしまいます。

人事制度を使って期待どおりの効果を得るためには、管理職の協力的な学習姿勢が必須です。特に人事評価の場面では大きな問題に繋がる可能性もあります。

最初はわからなくても、会社や社員にとってメリットがあり、真摯に取り組むことが自分の役割であることを理解してもらう必要があります。そうでなければ、部下に納得してもらえる評価を実行することができないからです。

管理職に対して評価者研修により部下とのコミュニケーション方法や評価の罠（評価エラー）に陥らない方法を学ぶ機会を設け、人が人を評価することの難しさをしっかりと腹落ちさせる努力をすることが、制度導入側（経営者、役員、人事担当者、外部コンサル等）の責務なのです。なんとなくでスタートすると当然この責務を果たすことにはならないでしょう。

結果、評価される側の社員や、評価する側の管理職双方から不満や不安の声が噴出することにつながっていくのです。中には怒りをあらわにされる方もいるでしょう。ただその感情の背景には必ず「不安」な気持ちが潜んでいます。なぜ、何を、どれだけの時間をかけて、どれだけの量を、どんなふうにやらされるのだろう。ただでさえ余裕がないのに・・・。という不安です。

管理職のプレイング業務については、リクルートワークス研究所（2000）も調査を行っています。こちらの調査では、87・3％のマネージャーが何らかのプレイング業務も担っています。

また、図10のデータではマネージャーがプレイング業務を行う理由がわかります。1位～3位までを、プレイング業務をしなければならないという、どちらかというとネガティブな理由

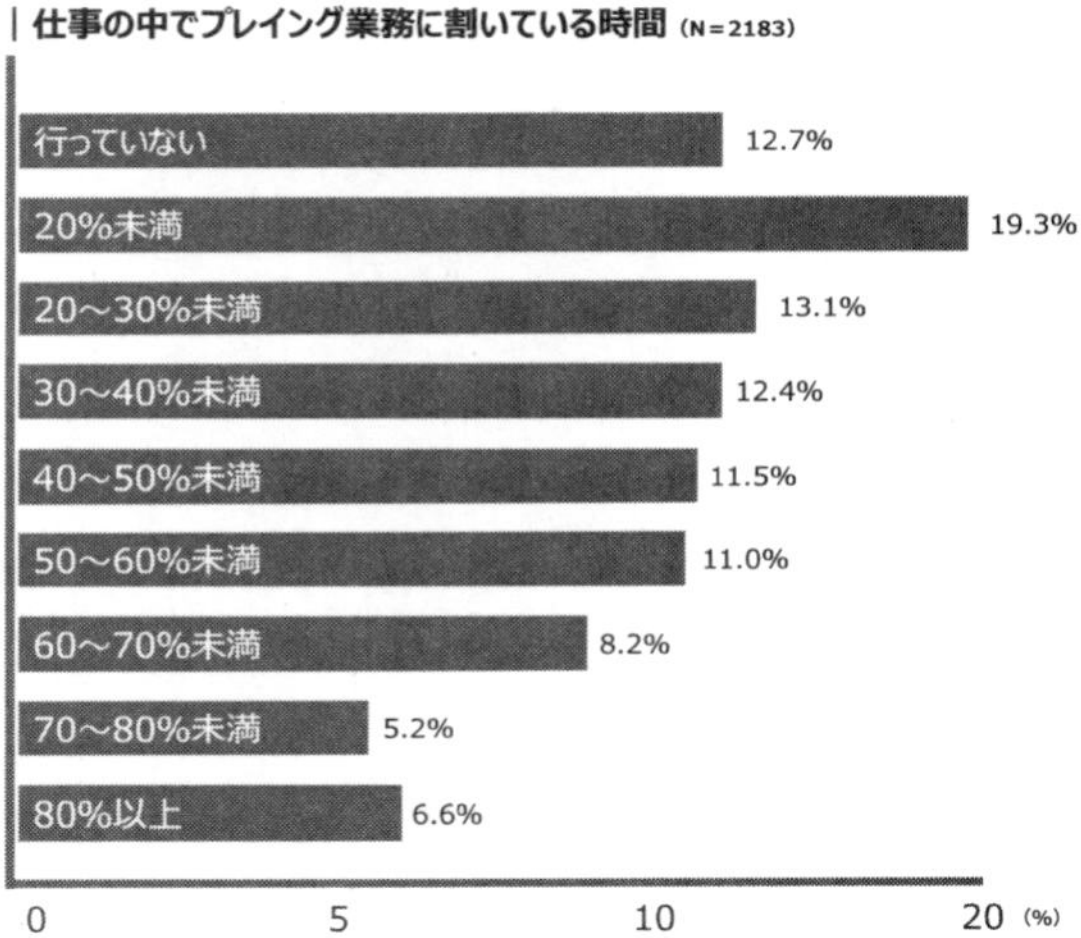

出典：リクルートワークス研究所 Works Report 2020 プレイングマネージャーの時代

【図９】

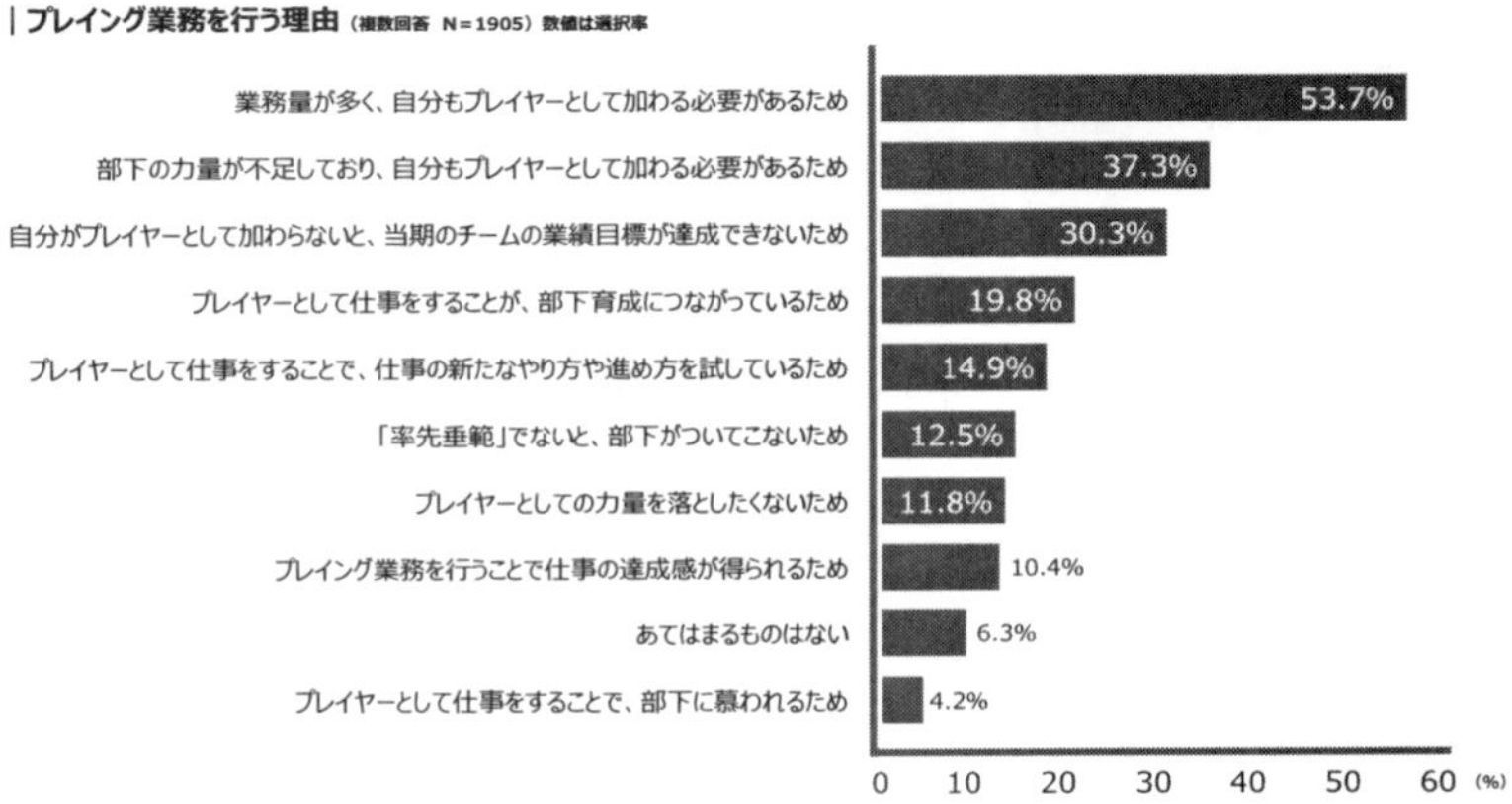

出典：リクルートワークス研究所 Works Report 2020 プレイングマネージャーの時代

【図 10】

が占めています。ここからも、マネージャーの負荷や多忙さが読み取れますね。

1位〜3位は、部下の成長不足が要因になっていますが、日本の管理職は、「マネジメント」という専門的な職務能力を学ぶ機会が少なく、マネジメント能力が乏しいまま、なんとなく長として部下と関わっている方が多いのです。

『俺が若い頃は、俺の背中を見て育て、石の上にも三年、どうしてできないんだ、何回言えばわかるんだ、こうしろ、これはするな、だから言っただろう・・・』これらの発言は、全て軸が管理職側に置かれた発言です。部下の数だけ特性・性格の違いがあり、得手不得手もあります。それらをしっかりと見極めて、適材適所や適切な業務アサインを実行することで部門の成果を最大化することが管理職が担う役割です。

また、この役割は部下の考え方や価値観を尊重し理解しようと好意的関心をもってコミュニケーションを図ることで、初めて成し遂げることができます。自分目線の自己中心的な関わりでは、部下との信頼関係は築くことができず、適材適所も適切な業務アサインも実現できず、部門の成果を最大化することができないのです。結果、部下が成長しないと感じ、自分でプレイングせざるを得なくなっているのです。

そして、先述の通り多くの会社は業務遂行も彼ら管理職に任せているので、彼らの負荷が増えるということは同時に業務遂行に直接的な影響が及びます。管理職たちには、それがはじめからわかっているのですね。

そんな影響力大の管理職たちから反発をくらってしまうと、人事制度導入プロジェクト自体が頓挫することもあります。このパターンは文字通り「生まれる前に死んでいる」ですね。

忙しい管理職と普段から良好な関係を築けていない部下たちも、現状より更に状況が悪くなるのではと危機感を抱くのです。

大切なのは、管理職たちにも人事制度は自分の仕事に非常に関係深いことや、上手く使いこなせた場合彼らにどのようなメリットがあるかしっかり伝えて、コミットしてもらうことです。その過程で、マネジメントとは何か？　プレイヤーではない自分の役割とは何か？　を伝えて、自分にもできるかもしれないという感覚を持ってもらうことも必要です。

人手不足など物理的に負荷が高い状況にあるのであれば、少なくともいつまでにその状況を会社や部門として解消するのか？　道筋を示す必要があります。人員配置や採用は一管理職の裁量権を超えていることも多いですので、組織としてのフォローアップが欠かせないでしょう。

制度導入後、管理職の能動的協力を獲得することは、期待する効果を得るための肝と言えます。人事制度を導入する段階から、彼らが抱えている悩みや不安解消のため、できるだけ個別に寄り添うことが望ましいです。

ここまでしてようやく、人事制度を導入する土壌があると言えます。もちろん、完璧を求めていてはいつまでたってもスタートできませんので、上記についてしっかり認識しておき、考えながら行動していきましょう。

ちなみに、老婆心かもしれませんが、決してマネージャーがプレイングを兼ねていること自体が悪いということではありません。外部環境に伴う業務の見直しなど、実務を通じて敏感に変化に対応できることも、チームの成果を最大化するためには必要なことです。

このように、導入目的や目指すゴールが明確になっていれば、説明すれば納得してもらえることもあるでしょうが、なんとなくとりあえず走り出すと、ゴールまでの道筋で思わぬ壁にぶつかることになります。有無を言わさずトップダウンで制度の外側を完成させることはできます。運良く表立って反発を受けないこともあるでしょう。その場合は、残念ながら、作り終えたあとに死にます。導入前に目的や認識がブレていると、例外なくすべからく死ぬのです。

苦労して導入した先に待つものは・・

「栄養不足型」は、人事（制度）に対する正しい認識の欠如や、それに伴う適切な行動の不足により起こることを説明してきました。機能はしないが、ただの「中身が空っぽの箱物」として制度を作って導入することは可能です。今は至るところに無料テンプレートが転がっています。

トップダウンでやれと言われたらやらざるを得ないケースもあるでしょう。当然中身がないので、期待する効果を得ることはできません。その結果どうなるかというと、やりきったという達成感は、こんなはずではという当惑と落胆に変わっていきます。しかも、短期間で。

そもそもこの型は見切り発車が特徴ですので、よく言えばチャレンジングでスピーディ。切り替えが早いということになるのでしょうが、その実飽きやすく、興味がなくなればすぐに放り出すことも多いと言えます。

人に関する施策はその多くが効果が出るまで、時間がかかります。社員教育も、人事評価制度も半年、一年で効果が出ることは珍しく、時間を掛けてメンテナンスを重ねることで少しずつ良い方向に進んでいくのです。

制度は一通りできたからあとは他の課題に注力しよう。新規事業の立ち上げや売上拡大。コンプライアンス遵守体制の強化や内部統制も・・・というようにどんどん新しい方へ目を向けて、実行に移していかれる経営者も多いでしょう。これ自体は問題ありませんが、人に関わることについては、一度失敗すると記憶に残り、不信感やモチベーションの低下に繋がり、大きく遠回りすることになることを肝に銘じておく必要があります。

新規事業も売上拡大も人あっての打ち手ですから、その人がいなくなってしまったり、パフォーマンスを落としてしまうようなことになれば、そもそも新しいことも計画通り進めていくことが難しくなっていきます。

人事制度は給与・処遇に直接影響する部分ですので、社員からすると非常に気になるところですし、一度でも納得ができない評価や処遇をされてしまうと、長期間引きずることにつながります。

つまり、制度を導入することによって、プラスの効果を得られない場合は反対に悪影響を及ぼすということになります。更に、エラーの内容をある程度想定していないと、トライする気が失せるほどダメージを受けてしまうことも人事制度の特徴と言えます。

社員一人一人の置かれた状況、立場により受け取り方・感じ方が異なりますし、一度マイナスの印象を受けてしまうとひっくり返すことが難しいです。栄養不足型の場合、何がエラーの原因だったか、正確に捉えることが難しいからです。

そもそもそれが分かっていれば、致命的なエラーを起こすことはなく、ある程度の範囲内にエラーを抑えて、トライアンドエラーで改善していくことができます。

スムーズに導入まで漕ぎ着けたように見えても・・過度な期待が招く結果

ここまででお気づきだと思いますが、人事制度は適正なタイミングで適正なアクションを重ねていく必要があり、順番や内容が不適切だと、すぐに死亡フラグが立ちます。難しいのは、何が死亡フラグなのか？　いつ立つのか？　いま現在立っているのか？　それらが分かりにくい点です。フラグが立った瞬間にアラートが鳴って、どんな内容でどう改善すれば死亡を回避できるかが分かればいいのですが、残念ながらそうではありません。

先述の通り、表立って反対されないパターンや、作成から導入にかけて、よく話し合いながらおおよそみんな納得して導入できたということもあります。ですが、この間見えないフラグが既に立っている可能性もあるのです。

そうすると、期待していた分上手くいかなかった時の反動が大きく、なぜこうなったのか…という自省できないほど組織として痛い経験になってしまいます。

制度に色んな要素を詰め込み過ぎて複雑化し、運用が難しいため形骸化してしまうことがよくあります。これらは作り込む過程では気づきにくく、より良いものを順調に作ることが出来ているという感覚に陥りやすいです。

みんなで協力してこんなに良いものができた！　という成功感から、何故か上手くいかなかった…という失敗感の落差は激しく非常に辛いものになります。

人事制度はあくまでもツールで使いこなすのは人であり、人を取り巻く環境や人そのものが持つ価値観や感情が変化するという前提を正しく理解しておく必要があります。作って導入した後、運用こそが本番なのです。上記のパターンはここを押さえられていたら、上手く活用できる可能性は格段に高まると言えるでしょう。

自分達だけでは気づきにくく、放っておくと失敗意識が積み重なり修正の難易度が上がります。早めに人事コンサルタントなどの専門家にヘルプを求めることも1つの解決策になるでしょう。この際注意するべきなのは、制度そのものを作り上げるプロではなく、会社経営をより良くするツールとして人事制度を使いこなすプロかどうか？　ということに気を留めておくことです。

創造と破壊

人事コンサルタントは人事のプロと人事制度のプロ、大きく2つに分かれます。前者は創造のプロで、会社の成長や発展のため、本質的な人に関する問題解決を行う人に関する本物のプロです。

後者は全員ではないですが、外側の箱だけ作って肝心の中身がすっからかんのままでクローズさせてしまう、制度のプロです。

一見両者ともプロですが、後者は注意が必要です。これまでお伝えしてきた通り、ちゃんとした手順でちゃんとした内容を作り上げて、初めてスタートラインに立てるのが人事制度です。

しかも、そこからが本番で、しばらくはちゃんとわかっている人（人事やコンサルタント）が伴走しないと、正常に機能してくれません。それはまさに、現場で働く社員一人一人と向き合い、理解し合おうと努力し続けることに他なりません。

ところが、死亡フラグをバンバン立てていくコンサルタントも中にはいらっしゃいます。いわゆる制度屋さんと呼ばれる、まさにＭＢＯシートや評価表のツールと簡素なルールだけ制定するパターンです。その煩雑さが社員の業務を圧迫し、形骸化し、果ては離職に繋がることを知ってか知らずか、最後まで伴走してくれないこともあるのです。

導入される経営者や人事担当者も上手くいくか不安ですし、評価される社員はもっと不安です。どれだけ正しい手順でしっかり作り上げても、最後まで伴走できなければ、頑張りが水の泡になることは十分あり得ることです。

外部のコンサルタントであろうが社内の人事担当者であろうが、不安な気持ちに寄り添いながら、想定外の事態にも共に向き合う。本当の人事のプロはそういう方だと思います。

また、人的経営課題の改善を図る場合、採用、教育、労務管理、衛生管理、コンプライアンス、内部統制等、人事そのもの、もしくは関わりの深い項目も含めた全体最適を提案できると尚良いと思います。

作り上げた人事制度を上手く機能させる上で障壁となるものには、予め想定して手を打っておくに越したことはないからです。その為にも、経営層、マネージャー層、現場の社員それぞれとコミュニケーションをとりながら進めることも大切です。

第2章

解決編

生まれる前に死んでいる！

「栄養不足型」

「栄養不足型」フラグ回避方法

第一章で述べました、「栄養不足型」に陥ってしまわないように、どのような手を打てば良いのか、具体的に説明していきます。栄養不足型はインプットが弱いために上手くいかなくなるパターンでした。

この型に陥らないために必要なのは、大きく6つのステップです。

❶ヒトという経営リソースの特徴を正しく理解し、人事制度の目標を明確にする

なんとなくで人事施策に取り掛かってしまうリスクについて、いくつかの事例をもとに述べてきました。人には感情があり、全く同じ感じ方の人はいません。また、社員は様々な理由で入退社を繰り返し、同じメンバーで長く働き続けることは難しいという前提があります。

入退社によって構成員は変動しますし、その構成員一人一人の感情も変動するので、ある一時期に実現できたパフォーマンス、成果の再現性を担保するのが非常に難しいのです。

そこが、ほかの経営リソースと大きく異なる点です。ちょっとしたことでモチベーションの

低下を生み、離職という経営リソースの損失に繋がります。

全ての経営リソースを使いこなすのが人である以上、人に関する課題を放置することはできません。上記の様な特徴を正しく理解していないが為に、間違ったやり方、タイミングでことを進めてしまうことにならない様に気をつける必要があります。

雇用形態、職種、部門、性別、年齢など、社員の特性によって有効な施策をタイミングよく実行する必要があります。大切なのは一人一人働いてくれている社員全員にそれぞれの人生があり、個人のニーズと組織のニーズが重なってこそ、より良い関係を維持することができるということを常に意識しておくことです。

自分が大切にされていると感じる社員は簡単には辞めないでしょうし、利己的で独善的な働き方をする人よりも、チームとしてメンバーを尊重しながら、会社や周りのことも考えて頑張ってくれる社員を、会社や仲間は大切にしたいと思うでしょう。

組織と社員が依存関係ではなく、相互に支え合い貢献し合える関係性の構築が、結果的にお互いの満足度を高めることに繋がります。

❷人事ポリシーを策定する

人事ポリシーとは、端的に言い表すと会社の社員に対する考え方です。どんな組織を目指すのか。社員に求めることは何か。何をすれば評価されるかなど、人に関する経営方針を明確に言語化したものです。

フィロソフィーやクレドなどに似ていますが、人に関することに特化した理念や信念という意味合いが強いです。

解決手段としての人事施策と、個別の解決すべき課題を点と点で結びつけていくと、一見課題と解決方法の合理性が担保されている様に見えます。ですが、点と点を結んだ結果、全体としては個別最適の寄せ集めの様な、いびつな状況を生むことに繋がる可能性があります。

ある問題を解決できたと思ったら、それが原因で新しい問題が発生してしまうという悪循環に繋がる場合があるのです。そうならないために、一本考えの拠り所となる柱を立てるイメージで人事ポリシーを策定しておくと、あらゆる場面で判断に困ったときにその柱に立ち帰って、よりポリシーに当てはまるのはどちらか？　という一貫した軸で考えを整理することができます。

人事ポリシーの一番のメリットは、社員に説明ができるようになるということです。全員が納得できる施策は人事においてはかなり稀であることは先に述べましたが、自分が不利益を被る理由がわからない、あるいは理不尽だと感じる場合に人はモチベーションやエンゲージメントを下げます。

ある場面では不利益を被るけれど、それは人事ポリシーに従って判断したものであり、別の場面では自分も利益を得られる可能性があるとわかれば納得できます。

人事ポリシーは社員に、「こう在って欲しい、こうなって欲しい」という求める人物像を明文化して伝えるものです。その作成方法に正解や不正解はありませんが、ここでは一例として琴線に触れるキーワードから作成を進める方法をお伝えします。例えば、努力、根性、我慢、

｜人事ポリシー策定に使える要素　琴線に触れるワード

No.	キーワード	No.	キーワード	No.	キーワード	No.	キーワード
1	愛	26	元気	51	素直	76	努力
2	挨拶	27	謙虚	52	スピード（速度）	77	仲間
3	相手	28	貢献	53	正確	78	納得
4	明るい	29	向上	54	成長	79	パートナー
5	育成	30	行動	55	責任	80	発展
6	意識	31	顧客	56	積極的	81	ピカピカ
7	一貫	32	志	57	全力	82	ビジョン
8	一体	33	コンプライアンス	58	創造	83	プラス
9	お客様	34	志向	59	尊重	84	プロフェッショナル
10	想い	35	姿勢	60	第一	85	変化
11	思いやり	36	自責	61	多角	86	満足
12	改革	37	実践	62	他責	87	未来
13	改善	38	実直	63	立場	88	役者
14	輝く	39	視点	64	楽しい（愉しい）	89	約束
15	革新	40	視座	65	多面	90	優しい
16	価値	41	自発	66	チーム	91	やってみる
17	価値観	42	自分	67	チームワーク	92	やれる
18	感謝	43	視野	68	チャンス	93	勇気
19	感心	44	柔軟	69	挑戦（チャレンジ）	94	優先
20	感動	45	主義	70	繋がり（繋げる）	95	愉快
21	期待	46	情報	71	提供	96	夢
22	希望	47	自立（自律）	72	丁寧	97	喜び（歓び）
23	共感	48	真摯	73	出来る	98	理解
24	キラキラ	49	信用	74	徹底	99	礼儀
25	敬意	50	信頼	75	ドキドキ	100	礼節

【図 11】

従順、自発、自律、裁量、自由、放任、放置、合理的、機械的、画一的、個性的、個人、チームというキーワードの中で、自分が気になるものは人それぞれ違うと思います。嫌悪を感じるワードも、好感を持てるワードも両方あると思います。これを、個人ではなく会社組織として認識、整理して、何を大切にするのか？　何をよくないものとするのか？　明確にしていき言語化・明文化することで人事ポリシーを作ることも可能です。

人事ポリシーは人に関するあらゆる根幹となるものですので、社員から見て、会社が大切にするものと自分が大切にするものがあまりにもかけ離れている場合、一緒にいることがお互いの為になるのか？　という判断材料になります。

組織はその乖離を捉えて積極的に個人の価値観に介入するものではなく、どちらかというと、個人が組織の価値観を許容できるか。いいなと感じるかという見方ができるようになります。

❸課題の中で、人に関するものを抽出しカテゴライズする

ここでは、今直面している短期的な課題、中長期的な経営目標・戦略を実行実現する上でクリアする必要がある課題を認識していきます。

ＳＷＯＴ分析等フレームワークを用いて経営戦略や中長期計画として策定されているもの

があればそれでも構いません。その中から、人に関する課題や目標をピックアップします。

採用人数を増やす。人件費の適正化を図る。教育・研修の強化。労務環境の改善。離職率の低減。フレックスタイム導入、テレワーク導入等、働き方の多様化などです。

切り口としては、既に認識している困りごと、課題と、将来に向けて強化したい項目に大きく分けていきます。内容は重複しても構いません。

課題は重複しても、取組むスパンが違ってくることが多いと思います。ここで大切なのは、5w2hをしっかり認識して、本当に必要な施策なのかどうかを、検討するということです。

人事そのものや人事制度の持つ効用、役割を明確にすることで、過度な期待や場当たり的な取り組みにな

会社の課題例

- 評価の定着
- 収益性向上
- 株主価値向上
- 就業規則改定
- 現場力の強化
- ハラスメント対策
- 人事制度の改定
- ブランド力の向上
- 財務体質強化
- 長時間労働是正
- 総額人件費管理
- メンタルヘルス対策
- 売り上げ・シェア拡大
- 高コスト体質の改善
- コンプライアンス徹底
- 評価者のスキル向上
- 電子化推進・DX施策
- 退職金・年金導入・改定
- 組織開発・組織風土改革
- 健康・衛生管理、健康経営
- 技術力・研究開発力の強化
- コーポレート・ガバナンスの強化
- 目標管理制度の導入・改定
- 業務の効率化・アウトソーシング
- グローバル化（グローバル経営）
- 顧客経験価値・満足度の向上
- 従業員のモチベーション維持・向上
- 新製品・新サービス・新事業の開発
- 品質向上（商品・サービス・技術）
- デジタル技術の活用・戦略的投資
- 教育体系・能力開発の導入・改定
- 人材の強化（採用・育成・多様化への対応）
- リスク管理・事業継続計画（BCP）の策定
- CSR、CSV、事業を通じた社会課題の解決
- 企業ミッション・ビジョン・バリューの浸透や見直し
- 働きがい・従業員満足度・エンゲージメントの向上
- 事業基盤の強化・再編、事業ポートフォリオの再構築

【図12】

ることを避けることができます。特に、長期的な視点でマイルストーンを置きながら、いつどんな手を打つのか？　の共通認識を持つことが大切です。

❹取り組む課題を選定し、有効な手段を分析する

原因と対策の因果関係を意識することも大切です。意図しない離職者が多い場合に、給与が低いからなのか、人間関係がよくないからなのか、残業が多すぎるからなのか、特定の部門に限った問題なのか、全社的な問題なのか？　しっかりと現状を認識しないまま、ちぐはぐな対策を打っても、状況は悪化するだけです。

図14の例を見るとそんなバカなと思いたくなりますが、実際は一部の上位者の思い込みや固定概念、勘違いなどから、自分本位のすっとんきょうな施策を強要されることもあります。そういう意味では、客観的な視点を影響力が強い方にこそ持っていただき、冷静に建設的な意見交換、議論を重ねて合議としてしっかり合意形成を行うことが非常に大切です。

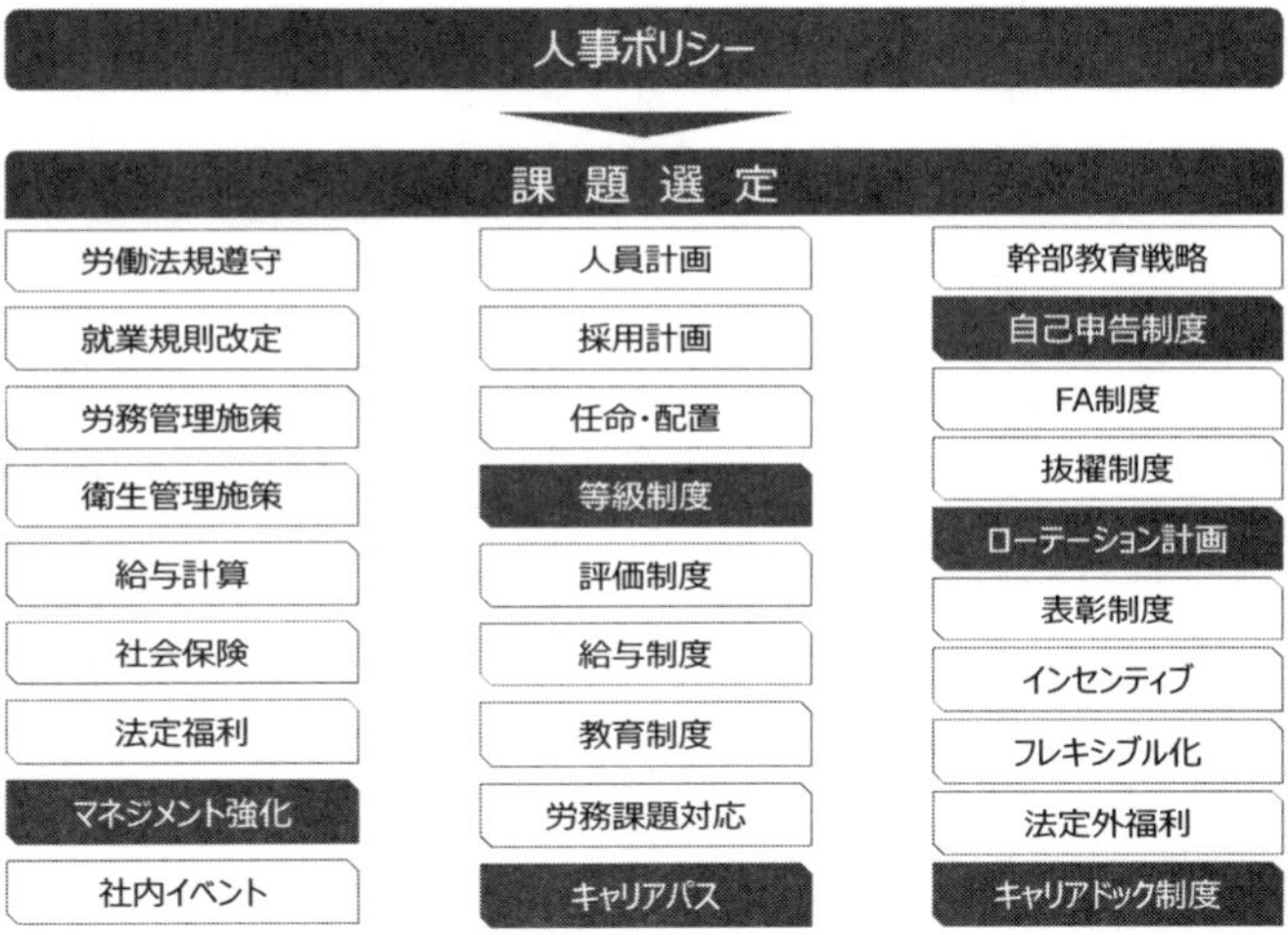

【図 13】

◆離職率低減施策は？

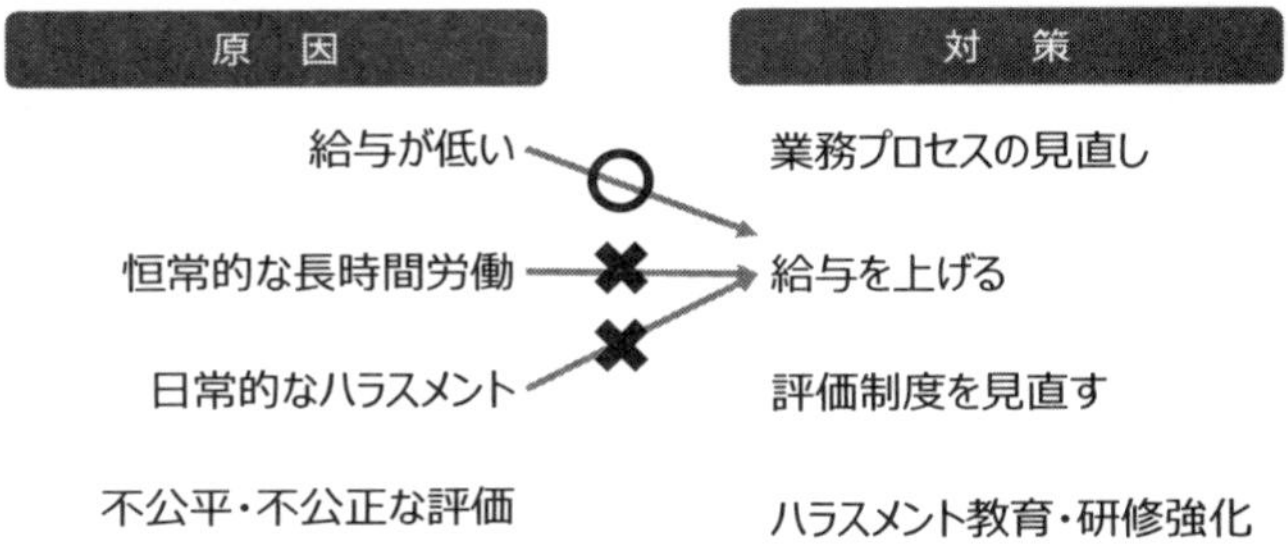

【図 14】

分析した手段の中から最善のタイミングを選択する

有効な手立てを洗い出せたら、その中でも今取るべき最善策は何か？　を更に見極めていきます。人事施策はタイミングを間違うと、良かれと思ってやったのに逆に不満に繋がるということは良くあります。いつどんな手を打って、どんな結果を求めるのか？　しっかり認識した上で、タイミングよく有効な手を打つための計画を策定しましょう。

お金？　労働時間？　人員増？　人間関係？　自己成長？　福利厚生？　まず打つべき手はなんだろうか？　ということをよく考えてみてください。もちろん従業員の皆さんに聞いてみてもいいでしょう。

❺現場マネージャーの理解を取りつけ、当事者意識を持ってもらう

マネージャーの大変さや、忙しさ、そして人事施策を成功させるための成否のポイントが彼等・彼女等をいかに上手く巻き込めるかであるかは既に述べてきた通りです。

上司から適当な説明を受け、部下には何の意味があるのかと突き上げられ、そんな状況では

マネージャーにとって新しい人事施策・人事制度は敵視すべき対象でしかありません。色々な理由をつけて、前向きに取り組んでくれることはないでしょう。

そうならないために、ここまでのステップでできるだけ現場のマネージャーにも関わってもらうことをお勧めします。人事ポリシーを策定したものの、現場感覚と大きく乖離していたり、あまりに机上の空論のような形になってしまっては白けてしまいます。

また、先述した上記例の通り、人が足りないのに人が補充されない。反対に人が充足しているのに配属されてくるなど、現場の困りごとあるあるについてもしっかりと耳を傾けておく必要があります。

そして、意外と大きな要素が「事前に聞いていたアレね」と感じてもらえるかどうかです。これは、マネージャーあるあるかもしれませんが、事前に少しでも相談や連絡をされて

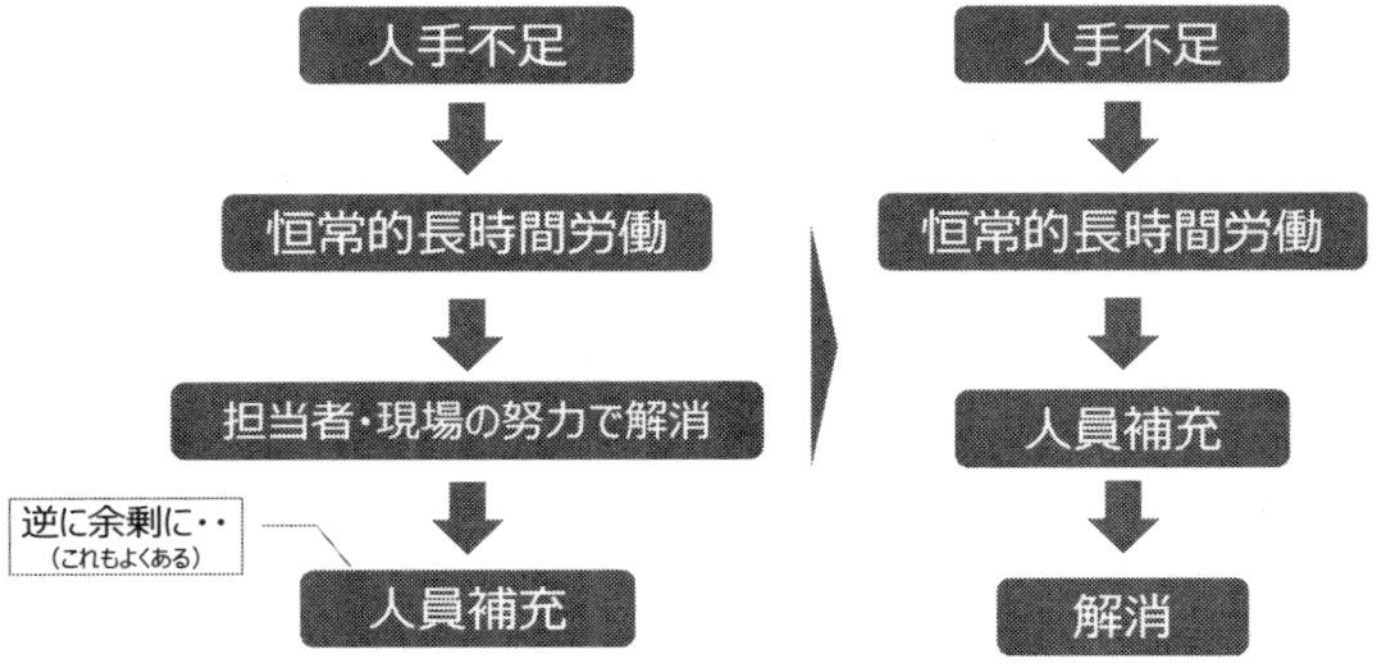

【図 15】

いるかいないかにより、実際に動き出すタイミングでの心証が大きく変わります。

「まだちゃんと決まったわけではないんですけど、こういうことを進めていくかもしれなくて…○○さんには事前にお耳に入れさせていただきたかったんです」と伝えておくと、「前言ってたやつね。わかりました。こっちからも相談させてもらうかもだけど、その時は色々話聞いてね」となりますが、全く何も聞かされていない中で決定事項として伝えると、事後報告感と相まって忙しい中ねじ込まれたと感じられやすいです。

単純に感情的な話ではありますが、人は感情の生物であることは既に述べた通りですので、人事施策を成功させたいのであれば、必要な工数として見積もっておいたほうが良い結果に繋がりやすいです。

これは、例えばAという人事制度を導入することで話を進めていたのに、ある日鶴の一声でBという人事制度を進めるよう指示があった。その理由や目的について何も聞かされなかったらどう感じるか？　を想像すると、理解しやすいと思います。これと近いことを、人事も現場に対してやってしまうことがよくありますので、こういった点を留意しておいて損はないでしょう。

❻メンバー、スタッフに対しても誠意をもって応対し理解を促す

施策や制度導入の目的、その後の運用の重要さを事前説明することで、形骸化することを防ぎ、望んだ結果に近づくことができます。

最後のポイントはここまで踏んできたステップを社員にも開示することです。これは透明性にあたります。なぜ今のタイミングでその施策を打つのか？　きちんと現場を含めた関係者を巻き込みながら進めていけば、開示した後に「そこじゃない！　今じゃない！」とはなりません。

社員に対しても説明することで、マネージャーから伝え聞く内容との齟齬が生じず、意図した効果を得やすくもなります。様々な要因により、計画通りに制度構築や導入が進まないこともよくありますが、この社員への説明を疎かにすると、結果的に折角時間をかけて作ったものが形骸化してしまうことになります。どうすれば理解してもらえるか。どのタイミングで伝えると良いか。最後まで考え抜くことが成否を分かつ要因となります。

第3章

死亡編

いじくり回されて死ぬ！

「過干渉型」

効果が出てない！　今やれ！　すぐやれ！

なんとか人事制度も無事完成した。運用にも力を入れたつもりだ。なのに、全然効果が出ていないじゃないか！　どこか改善点があるはずだから、すぐに見つけてやり直せ！　今すぐに！となってしまう経営者もいらっしゃいます。

この型の特徴は、特定の影響力が高い方が良かれと思って制度をいじくり回すということです。結果、死にます。即効性を求め過ぎてしまうのです。

期待が大きいのは悪いことではありません。ですが、制度を使いこなすまで時間がかかりますし、使いこなしてから、何となく良くなってきた、全体としてモチベーションが上がっている気がするなど、徐々に効果を感じられるのが人事施策の性です。

もちろん即効性の高い施策もありますし、状況、環境によってはすぐに効果を感じられることもあるでしょう。ですが、多くの場合、人事制度そのものに対する理解や慣れが蓄積されて、「最初に言ってたのはこういうことだったのか！」という気づきを、導入する側、実際に使う側双方が得ることで、本当の価値や効果を感じられるようになってきます。

この時点で効果がない場合に感じる不満と、導入直後に感じる不満では、具体性が異なります。使ってみて、主旨や目的、使い方を理解して尚且つ感じる不満はより具体的です。成果をより高く評価するという割には、実際にはそうなっていない（年功的）。上司によって、評価の偏り方が違う。評価項目に似たようなものが多くて、違いがわかりにくく部下に説明しづらい。などなど、これはこれで必要なステップです。

やってみてわかることも多いですし、少なくとも評価や成長に興味を持つようになっていることの証でもあります。このような具体的な不満や不安の声が、改善の打ち手に繋がっていくのです。

隣の芝は青い

この型は強い影響力を持つ特定の人が、独断と偏見でことを強引に進めていくことが特徴です。何らかのトリガー（きっかけ、引き金）があって、そのトリガーを引くことによって周りを巻き込みながら、大きく事態を変化させていきます。

そのトリガーとなる1つの要因が、他社の成功事例です。隣の芝は青く見えるもの。実際に成功しているように見えても、目に見えていることが全てではないのは、会社経営、人事制度運営にも言えることです。

ビジネス誌やネットニュース、海外企業の事例、大手企業の事例、知人経営者の話、SNSなど、情報は溢れかえっています。それら全てが、トリガーになり得ます。

隣の芝を見て人事制度をいじくり回すと、確実に死にます。その理由は、社員のモチベーションを著しく下げるからです。激減します。自分の考えや想い、価値観よりも、周りの誰かを気にして、それだけを参考にするという理由のみで指示を出されても納得できないことが多いでしょう。

社員も権限者に入る情報を完全にシャットアウトすることが不可能なことはわかっています。新しい情報を仕入れるたびに、同じように合理性や明確な理由なく振り回されることにも気づきます。そして、なんとか着いてきていた社員の気持ちも、やがては不満や諦めに変わっていきます。

上司部下の関係にも当てはまりますが、「〇〇（自分より上位者）が言っているから」という理由で人は動きません。自分以外の誰かに判断の軸を依拠していては、指示は一貫せず、言行一致が実現できないからです。そういう人を信用はできません。人を動かすのは、信用と信頼なのです。

思ったように効果が出ない場合、必ずその理由は社内にあります。というよりも、社内にしかありません。たまたま、その解決方法が他社が既に取り組んで効果を上げていた手法だったとしても、上手くいっていない理由は、自社内にしかありません。まず耳を傾けるべきなのは、どこかの誰かの話ではなく、自社の社員の声なのです。

制度は精度アップしてなんぼ

自分の会社で働いてくれている社員は、自分があげた声が聞き入れられて改善されると、より自分事として、真剣に当事者意識を高く保つことができるようになります。どうせ言ったって無駄。制度なんて形だけ…。ではなく、他にも自分と同じように考えている人もいるかもしれない。もしかしたら、人事制度がモチベーションを下げる要因になっているかもしれない。会社を良くする為に自分の考えを伝えてみよう。となれば、闇雲に制度をいじくり回して失敗を重ねるリスクを軽減できます。このように、社員の声を真摯に受け止め、必要に応じて対応する姿勢や考えのことを『参画性』といいます。

参画性は人事制度の効果を得る為、また、制度への納得感を高める為には必須の要素です。一部の社員からぶっ飛んだ意見がでたり、すっとんきょうな意見を繰り返す社員もいたり。クレーマーのような社員も出るかもしれません。ですが、本当に有益な意見を言ってくれる社員も必ずいます。彼らの意見を真摯に受け止め、時に改善の協力や手助けをお願いすることも、優秀な社員の離職防止に効果があるでしょう。

逆に、「制度は精度アップを続けていかないといけない」ということだけが強く頭に残って、愚直に改悪を繰り返してしまうこともあります。効果が出ない理由は精度が低く、よりベストな形がある為だと固執して、外側だけいじくり回すと、人は離れていきます。社員に対して「自分のことを見てくれていない。いつも勝手に決めて、しかもそれが現場感覚とズレている」と感じさせてしまえば、彼らはポジティブに人事制度を捉えられなくなるでしょう。

そうなってしまうと、経営者や権限者は人事制度の本来の力が得られていないと感じ、更に自分勝手な改悪を重ねるという負のスパイラルに陥ってしまうのです。

絶対諦めない！　根気が大事？

人事を理解する上での大前提は、長い目で見ること。そして、一人一人が違う価値観や考え方を持つことを理解し、それらを尊重するということです。

会社は「弊社は人を大事にします」と言いながら、実際には大事にされていると感じられていない社員はきっと少なくないことでしょう。一人一人を大事にするということは、個別具体的に全員の言うことを実現する為にはどうすればよいか？　を考えるということではありません。

誰かの満足が誰かの不満足を生むものです。特定の誰かの満足を追求すると、個別最適の寄せ集めになり、結果として全体的には不満が消えない、あるいは増幅しやすい組織になります。あくまでも会社としてどうあるべきか、どうありたいか？　が軸となり、その為に社員に求める像を明確にすることで、全体最適を追求していくのです。

誰かと自分を比較すれば、職位、立場、仕事内容、仕事環境、全く同じということはありません。比較するのは人と人ではなく、明確な基準（人事ポリシー）、過去の自分と今の自分です。目指すべき目標像に近づいているかどうかの自分自身の変化を追い続けるのです。

評価におけるフィードバックが苦手なマネージャーが多いのは、この求める人物像が明確でないことが多いからです。人と人を比べた議論になれば、不満を生まないようにするのは難しいです。

会社として大切にしたい基準を明確にすることで、純粋に求められていることを実現できているか？　という点と、そもそもそれらは自分が望む働き方やキャリア観、価値観と合致しているかという点に、視点を集中させることができます。

換言すると、会社・組織のニーズと、自分のニーズが合っているかどうかが大切ということです。

離職率を低減させることは必要ですが、それぞれの望む形が違うのであれば、無理に一緒にいる必要はありません。お互いがより幸せになることができる道を、合理的、建設的に模索するべきです。

人事は長期的視点で根気よく変化し続ける必要がある！　絶対に諦めてはいけないんだ！と考えて闇雲に手を打ち続ければ、軸がブレてしまい本当に必要な人材と、そうではないお互いのためにも離れたほうがいい人材が混ざり合い、お互いにニーズが見えなくなります。

その結果、会社組織のニーズを満たしてくれる優秀な社員が離職したり、反対に会社組織のニーズを満たすことができない生産性の低い社員が長く残ることに繋がります。あくまでも、今の会社で生産性が低いだけで、もしかしたらもっとその人が活躍できる場があるかもしれません。そういう意味では誤った根気と改悪への取り組みは、二重の負の効果を生み出すことに繋がってしまっていると言えるでしょう。

やればやるほどよくなる！

ここまで見てきた通り、闇雲にいじくり回すと人事制度は死にます。それだけでなく、会社や社員の将来にまで良くない影を落とすこともあります。人事の課題を解決する糸口は、必ず社内に存在しています。本質的問題点を知る為には、そこで実際に働いてくれている社員に真摯に耳を傾け、解決策を模索するのはその次です。

どこかからパッと取ってきた策が、自分の会社の本質的課題解決の手段となり得るかどうか、そこの見極めにこそ意識を向けることです。そうすれば、社員はついてきてくれるし、その過程で離れていく場合も、お互いに納得した別れの形にできる可能性が高まります。

改悪になるか改善になるか、いじくり回していきいきするかどうかは、トップの考えや姿勢次第とも言えます。ただし、詳しくは後述しますが、決して社員の言いなりになるという話ではありません。

第4章

解決編

いじくり回されて死ぬ！

「過干渉型」

「過干渉型」フラグの回避方法

過干渉型フラグの回避方法は2つあります。1つは前章でも出てきた『人事ポリシーの作成』です。もう1つは、『コミュニケーション施策により、自社の本質的な課題をしっかりと把握すること』です。

「過干渉型」はお互いの理解を深める努力を怠り、一方的に会社側がなんとかしようと足掻いたりもがいたりした結果、泥沼にはまっていくというパターンでした。

会社と社員の、強力なコミュニケーションツールとなり得るのが人事制度です。会社をよりよく、より発展させていく為に、社員の言葉に耳を傾ける。でもどうやって？　という問いに対する、強力な答えにもなります。

人事ポリシーの作成が過干渉型フラグ回避に有効な理由

「過干渉型」の特徴の1つに、社内ではなく社外に改善の答えを探すというものがあります。これは、そもそも自社の人に対する確固たる価値基準が明確でないために、目指す人物になってもらうにはどうすればよいか？　どのような道程を設定できるだろうか？　ということが見えていないからに他なりません。

前章で説明しました通り、人事ポリシーは自社の社員全員に求める人物像ですから、他社が効果を上げた人事施策が果たして自社の人事ポリシーとリンクするか。その施策を導入したとして、自社の人事ポリシーに社員が近づけるのか？　という判断軸を持つことができます。

もし、その軸に照らして効果が出そうということであれば、試験的に新たな施策にチャレンジしてみても良いかもしれませんが、その際も社員への説明は必須です。「またかき回される」という悪い印象を持たれてしまうと、効果が半減しかねません。

大切なのは、新しく施策を導入する際、なぜそれをやる必要があるのか？　をちゃんと説明することです。一度アナウンスすればよいというものではなく、形を変えて何度も説明する必要があります。死亡編で述べてきましたように、スタート時点からネガティブなイメージを持たれていることが多いためです。基本的にはマイナスのフィルターがかかって伝わると考えておいたほうが良いでしょう。

つまり、何をやるにもマイナスからのスタートで、反対されたり不安を感じられたりが当たり前ということです。それでも、実行する意味があると思えるのであれば、何度も重ねて説明することで、少しずつ理解を得ることができるようになるでしょう。実行後も粘り強く伝え続けることも必要です。

では、どのようにして、何度も伝えていくのでしょうか？　それが、もう1つの『コミュニケーション施策により、自社の本質的な課題をしっかりと把握すること』に繋がります。

具体的なコミュニケーション方法

ここからは、具体的なコミュニケーションについてお伝えします。自社の本質的な課題をしっかりと「伝える」ことではなく、『把握すること』としているのは、コミュニケーションとは一方的に何かを伝えるだけではなく、相手と意思疎通を図る行為だからです。伝えるだけではなく、しっかりと意見交換を重ねて、課題を把握することが重要です。

■**人事評価制度**

人事制度、とりわけ評価制度は使いこなすことが難しい、効果が出にくいというイメージが強いですが、実は上司と部下が日々の頑張りを共有するための最適な『コミュニケーション機会創出機能』を持ち、同時に会社（組織・上司）が、何を自分に期待しているのか、また、自分は会社や上司に何を期待しているのか、意見交換できる場でもあるのです。私はこれこそが人事評価の最大の機能だと考えています。

多くの人は、普段担当している業務や定期的な部門ミーティング以外で上司と話をする機会は少ないでしょう。「自分の考えや上司、部下の考えを理解しようとすることに価値を感じない」、「組織って仕事するための場所なのだから、そんなの必要あるの？」、「業務指示や報連相していているから大丈夫」という意見もあるかもしれません。

しかし、普段の業務遂行に関する報連相だけでは、相互理解には今一歩足りないのです。お互いにわかってくれるだろう。伝わっているはず。という、自分に軸を置いた（自分中心の）

コミュニケーション方法では、人事評価のように普段隠れている不満が露呈する場面で、致命的な軋轢を生んでしまいます。

「自分の頑張りを評価してもらえない」。この考えの背景には、評価されるべき、されて当然なのにという意識があります。自分は正しいのに正しい自分の考えと違う上司や会社はおかしい。となってしまうのです。道理に合わない悪のように上司や会社を敵視することさえあるでしょう。これを放置すると離職に繋がります。

ポイントは人が人を評価する限り、完璧はあり得ないということで、被評価者が評価に納得できるかどうかが大事ということです。極端に言えば、低い評価を受けた人が納得できて、高い評価を受けた人が納得しないこともあります。

2つ例を挙げます。高い評価を受けた人がいます。その人は前期にこれまでにない程頑張り成果を出しました。今期はその反動で最低限自分の役割を果たすことだけに終始しました。その結果、なぜか今期の方が評価が高かったとします。この時に、なぜ前回の方が評価が低くて今回は高いのか？ その問いに対する上司の回答が、「上が調整した結果そうなったから、理由はよくわからない」というものだったら…。

その方（被評価者）が、

○そもそも、半年に一度の評価面談だけでほとんどコミュニケーションもない上司が自分の何を評価できるというのか？

○頑張っても頑張らなくても評価されるかどうかはギャンブルみたいなものだ

○他人との比較で評価が変わるならそれこそ運だ

○自分が成長できているかどうかさえわからない

と考えるに至っても仕方ありません。それなら、たとえ給与が下がったとしても、自分のことをしっかりと評価しようとしてくれて、少しでも自分の成長を実感できるところの方が、将来のキャリアにとって良いのではないか？　とも感じるでしょう。

一方、三回目の評価でようやく標準ラインの評価を受けた人でもその評価に納得し、もっと頑張ろうとモチベーションを高めることも十分あり得ます。

先ほどの話とは逆で、

○上司が自分のことを気にかけてくれるし、理解しようとしてくれる

○少しずつではあるけど自分の成長を感じられて、上司も自分の成長を我がことのように喜んでくれる

○前々回、前回と評価こそ標準を下回る厳しいものだったけど、上司のことも自分のことも信じられる今の自分を誇らしく思う

○評価してもらえている点、反対に自分の課題となっている点。期待されている点や自分がやりたいこと、なりたい自分も定期的に再認識できて、お互いの理解にギャップがない状態を維持できる

○人事制度で定期的なコミュニケーションを図る機会が設けられているので、上司が変わったとしてもこの会社にいる限り、自分の成長を感じていける

こういう状況であれば、たとえ評価自体が低かったとしても、評価に対する納得度と次期へのモチベーションを高い水準に維持することは難しくないでしょう。

この2つの話からわかるのは、どこに向かっていけば良いのか？　自分は今どの地点にいて、次のステップはどういったものなのか？　次のステップに行く為には何が必要なのか？　次のステップにたどり着けた暁には何が待っているのか？　こういったことを、コミュニケーションを通じて齟齬なく理解し合うことが大切だということです。

評価者は、会社の社員への期待を代弁する役割を担っているとも言えます。そして、会社の

期待を上司がしっかりと理解できていると、部下に対するコミュニケーションも自ずと側面支援的なアプローチとなり部下の自律を促し、結果として成長を促進することにも繋がります。

■目標管理（ＭＢＯ）

一年に一度、もしくは半年に一度目標を設定して取り組むいわゆる目標管理制度を取り入れている企業は少なくありませんが、上手く活用できている企業は少ないと感じています。

それは、コミュニケーションツールとして認識して取り組んでいないからです。同じ目標を同じように認識し、部下は自分なりに達成できるよう努力し、上司は部下が目標を達成できるようにサポートする。その中で、お互いの考えや価値観を理解することは、さほど難しくないはずです。

ただ、プロセスではなく結果だけを問われたり、半年に一度しか面談を行わなかったり、真剣に取り組まない、自分の目標達成だけを追いかける、難易度の低い目標を設定するなど、上手く活用できないフラグもたくさんあります。

このような場合、評価する側のマネージャーや評価される側の社員双方から不満の声が聞かれることが少なくありません。目標管理をする目的や方法について、定期的に伝え続ける仕組みも重要になります。

もう1つ、目標管理運用の難しさの1つに、人事ポリシーのような長期的基軸の概念を盛り込むことの難しさがあります。つまり、半年・一年単位のぶつ切りの振り返りと、短期的な次期目標設定に留まり、会社の意図やお互いの価値観のすり合わせができないということです。目標管理のみを評価制度としている会社は注意が必要です。社員の行動変容が起きていないと感じている場合、ここに原因があるかもしれません。目標管理制度と人事評価制度は似て非なるものです。

目標管理制度を人事評価の主軸に据える場合、もしくは目標管理のみに絞る場合は、会社目標→部門目標→個人目標をしっかりと紐づけ、会社の意図や方針、考えが伝わるコミュニケーションツールとしての側面にかなり強めにスポットを当てた運用を行う必要があります。また、目標管理（ＭＢＯ）の反対概念は人（会社・上司）による管理です。自分で目標を設定することでモチベーションやパフォーマンスを高められるかがポイントとなります。

■アンケート・サーベイ

○エンゲージメントアンケート、サーベイ

○各制度への理解アンケート

○ハラスメントアンケート

○ストレスチェック

アンケート、サーベイは、人事制度をはじめとする人に関する施策やルールが、ちゃんと機能しているか、その効果測定を行うＰＤＣＡツールの１つです。

定期的に実施することで、変化を捉えることができますので、基本的には何回か実施することを前提として取り組むことが大切です。適当な実施スパンの考察は何度か実際にやってみて、やりながら考えるで問題ありません。

実際にアンケートの周知や集計など、手続きに関しては人事などの部門が行うとしても、調査を行うのは経営者が望ましいです。

毎年何となく実施するルーティン業務にしないためにも、ステークホルダーからの意見と捉えて、結果を踏まえたメッセージの発信や施策への関与など、真剣に向き合っていく必要があります。経営層がなかなか関心を寄せない場合は、結果を定量的に集計、カテゴライズして視覚的に認知しやすいように工夫すると良いでしょう。

また、コミュニケーションの一環として捉えることも忘れてはいけません。アンケート、サーベイをやりっぱなしでは、社員の方との意思疎通はできません。全てをそのまま公開する必要はありませんが、全く何もフィードバックしなければ、都合が悪い結果を隠蔽したり、理由もなく思いつきでやっていると思われても仕方ありません。そうなると、回答率も回答内容の質も下がっていくでしょう。

記述式の回答などは特に参考になる意見も多く、意見を踏まえたアクションに繋げて、参画性を高める非常に有効な手段です。今はグーグルフォームなど、簡単にアンケート実施～集計まで行えるツールがありますので、実施ハードルは下がっていると思います。

アンケート・サーベイにはメリットだけではなくデメリットもあります。良い面だけではなくリスクになり得る面も把握した上で実施する必要があります。

メリット

- ✓ 会社が社員を大切したいという意思表示になる
- ✓ 社員の考え、意識、希望、不満などを知ることができる
- ✓ 組織・部門間の特徴、違いを知ることができる
- ✓ 過去からの変化、経緯、推移の把握や比較が行える
- ✓ 各種制度や施策の浸透度・理解度・有効性などを把握することができる
- ✓ 課題の把握と改善、新たな制度や施策立案の役に立つ
- ✓ 経営者の想いを発信する機会となる

デメリット

- ✓ 実施にあたって、コスト（費用、時間、手間）が発生する
- ✓ 設問の設定が難しい
- ✓ 従業員へのフィードバックライン（どこまで何を開示するか）が難しい
- ✓ 回答率をあげる工夫が必要
- ✓ 誹謗・抽象が書き込まれる可能性がある
- ✓ 自分の意見が通らない一部の社員の不満につながる可能性がある
- ✓ 課題が明らかになり、社員が動揺することもある
- ✓ 定期的に実施し、社員の声を受けて何かしらの改善を試みないと、真摯に回答してもらえなくな

【図 16】

■ミーティング・会議

○部門長会議
○部門会議
○1on1ミーティング

各種の会議はやり方によって大きく効果が変わってきます。会議の目的が明確になっていない、参加者の選定に合理性がない、やってもやらなくても同じ会議などは、コミュニケーションツールとしてはあまり効果を期待できません。業務の進捗を共有するだけならわざわざ時間を割いて集まる必要もありません。

ここでは主に、人事制度を上手く機能させるため、参画性を向上させることで、更に制度を良いものにすることを目的とする視点でミーティング・会議を見ていきます。

部門長会議・部門会議

会議には大きく三種類あります。

○結論を出すための会議（ディスカッション）

○情報・状況を共有するための会議

○発想を広げるための会議（ブレインストーミング）

いずれの場合も、まずは意見を言いやすい雰囲気・状況にあるかどうかが大きなポイントです。言っても頭から否定されるだろう。特定の人が一方的に喋る。上下関係が色濃く出る。そもそも自分には関係がない。このような状況であれば、コミュニケーションツールとしては機能しません。

このような場合はそもそもマネジメント力に問題がある可能性もありますので、先のアンケート・サーベイで何か予見できる可能性がありますし、メンタル不調や離職者の増加などからもわかるかもしれません。事実を把握でき次第、できるだけ速やかに対応した方が良いでしょう。

また、上記のような状況になかったとしても、人事部門以外で直接人事制度に関する話が出ることは少ないでしょう。会議の中で不意に耳にした誰かの不満や改善への提言について、各マネージャーが耳を傾け、人事部門へフィードバックされるような関係性を作っておくことが大切になります。

ミーティングや会議において起こりがちなコミュニケーション不全の原因は、次のようなものです。

これら全ての関係が良くないと、上手く情報が入ってこないため、人事部門は常にアンテナを張り、都度手を打っていく必要があります。

人事評価実施前後（半期末など）は、各部門のミーティングの中でも、雑談のような形で話題になることがあるでしょう。あらかじめ、各部門のマネージャーにその様な雑談ベースの話でもいいから、何か話が出たら教えて欲しいとお願いして

マネージャー ⇔ 部下

◆マネジメント力不足（一方的説教、傾聴力の不足、相談しづらい雰囲気）
◆報連相不足（マネージャー⇔部下双方）
◆業務過多（不適切な業務分担等）

マネージャー ⇔ 人事部門

◆人事部門が各部門の人事的ニーズを把握できていない。解決しようとしていない
◆マネージャーのマネジメント力不足、マネジメントに対する理解不足、自身の役割への理解不足
◆マネージャーの業務過多（プレイング過多）

会社 ⇔ 社員

◆参画性が低い
◆会社からの情報発信が少ない（適切でない）
◆他責思考の風土がある（会社のせい、上司のせい、社員のせい）
◆コミュニケーションの仕組み・機会不足

【図 17】

おくのも1つの手です。

このような泥臭い地道な努力が無ければ、欲しい情報は手に入らず、協力してもらうことは難しいのです。

1on1ミーティング

1on1は社内の人間同士が1対1でミーティングを行うことを意味します。人事制度を上手く機能させるため、参画性を向上させることで、更に制度を良いものにすることを目的とする視点で見ると、一番効果を感じやすく、やりやすいミーティングスタイルです。

ミーティングルームを使って直接顔を見合わせて行う場合もあれば、Web会議システムを用いて遠隔地と行うこともあります。原則として「上司と部下」という組み合わせで行うものであり、目標管理や業務進捗管理、プロジェクトのPDCA確認を行う場となります。

ただし、単なる業務報告に終始しないよう、上司にはコーチングやフィードバックに関するスキル（傾聴力など）が必要です。部下に気づきを促し、個人の能力を引き出すために行うという目的を常に意識しておかなければ意味がないといえます。

あくまでも、部下を主軸に置き、部下にとって有意義な時間にすることが肝要です。上司が一方的に説教する場となるのであれば、やらない方が良いです。

一方的な説教で人を動かすことができるなら、こんなに簡単なことはありません。人を動かす（納得して能動的に動いてもらう、腹落ちして動いてもらう）ことは、そんなに簡単ではないですよね。

ヒアリング結果から改善方法を策定する

社内コミュニケーションが取れていたとしても、そこから具体的な改善施策を打っていかなければ、閉塞感や硬直感を払拭できないまま、不満が解消されません。前章でも述べた通り、参画性を高めて、有効な打ち手をタイミングよく打っていく必要があります。

ここで注意しなければならないのは、特定の誰かの声を必要以上に重視しないことです。

同じ物事1つに対しても、一般社員、中間管理職、役員、アルバイト社員、派遣社員、それぞれの立場や視点から色々な見方をしています。

個別最適の寄せ集めにならない様に、顕在化している課題に対して、本質的な解決になる打ち手は何なのか？　新たな課題を生み出すことにならないか？　一時的にそうなるとしても、将来的に解決される見通しは立っているか？　それらの視点を持ちながら、意見をカテゴライズし、分析し、優先順位を決めて根気よく取り組んでいく必要があります。

この時、どうしても社内で影響力が強い人の意見が取り上げられることが多くなってしまいがちですが、冷静に全体を俯瞰して、判断してください。

改善への取り組みを可視化し、巻き込んでいく

何か人事的施策に取り組む場合、ある程度早い段階から関係者を巻き込んでおくと、後々スムーズにことを進めることができます。後から聞いてない、そんなつもりじゃなかった、なんの意味があるの？　など、否定や反対をされてしまうと、スタート前から出鼻を挫かれてしまうことになってしまいます。

全員を満足させる必要はありませんが、少なくともスタートする前から不満や不安を多くの人に持たれてしまうことは好ましくありません。

また、先程は施策を選定する際は社内の影響力が大きい人の意見を必要以上に取り上げてはいけないと言いましたが、何をやるかを決めた後の推進フェーズでは、そういった人達を上手く巻き込んでいく必要があります。

職位者であろうがなかろうが、文字通り影響力が大きいので、味方になれば頼もしく、敵に回れば手強いわけです。会社のため、組織で働く人々のために、使えるものは上手く使う覚悟も時には必要です。

もちろん嘘や情報操作、必要以上の見返りをチラつかせたり、不要な軋轢を生む様な工作はするべきではありません。その様なことをすれば、一時的には良くても、自分の信用を傷つけることになり、長期的にみると、大きな痛手になります。

失った信用を取り戻すのは難しいですし、信用のない人の話は誰も聞いてくれません。あくまでも、真摯に自分の想いを伝え、協力を仰ぐ姿勢を貫きましょう。

集めた情報はニーズの強さ、効果、必要な時間、必要な工数、トレンド、調整難度などの項目を設定し、優先順位をつけましょう。あくまでも整理と可視化が目的ですので、細かいところまでこだわる必要はありません。

自社に今必要なものは何か？　経営課題と照らしながら、優先順位をつけていき取り組む内容を決めていきます。

短期、中長期的な取り組み方を考察し、経営戦略の中に組み込んで全社的に展開し、現場のマネージャーや社員にも自分事として捉えてもらえる工夫も必要です。可能であれば経営方針発表会や決起会のような年次の集まりで発表できるとなお良しです。

適度な干渉は必要

これまで、コミュニケーションの重要性と、そこから得られる働く方々の生の声をどう捉え、どう活用するかを説明いたしました。

反面全く興味がなければ放置になってしまいますので、それはそれで良くありません。継続的にコミュニケーションを図り、生の声を聞き続けることで、適切な関わり方や頻度がわかってきます。

一方で、勘違いしないでいただきたいのは、決して社員の言いなりになるということや、社員が自社にとっての最適な答えを持っているということではありません。

あくまでも、会社がどうしたいか？　どうなって欲しいのか？　という軸があって、社員の声を的確に捉えながら、どのような施策を打てば良いかを一緒に考えて実行していく。そういった、相互理解の形成と双方の歩み寄りの姿勢こそが、過干渉型フラグを回避するための最重要ポイントとなります。

互いの適度な干渉（関り）を諦めてしまうとこの後述べていく最後のフラグ、ネグレクト型に一直線に向かってしまいます。

経営者も人事部門も、働く方のことを真剣に想い、壁にぶつかりながらも前に進んでいくという信念と覚悟が大切です。

第5章

死亡編

放っておかれて死ぬ！

「ネグレクト型」

ネグレクト型の類型

放置して制度を死に追いやってしまうネグレクト型のパターンは大きく3つあります。1つは導入後に燃え尽きてしまう燃え尽き症候群型。もう1つは、いじくり回されたのち放置される型。最後は、飽きて興味を失う型です。

ただ、ネグレクト状態にある時は死んでいますが、人手不足の今、未来永劫機能していない人事制度を放ったらかしにすることは考えにくいでしょう。人に関することは常に経営課題の1つに入っているからです。次のステップへの冷却期間、ニュートラルな期間とも捉えられます。

32

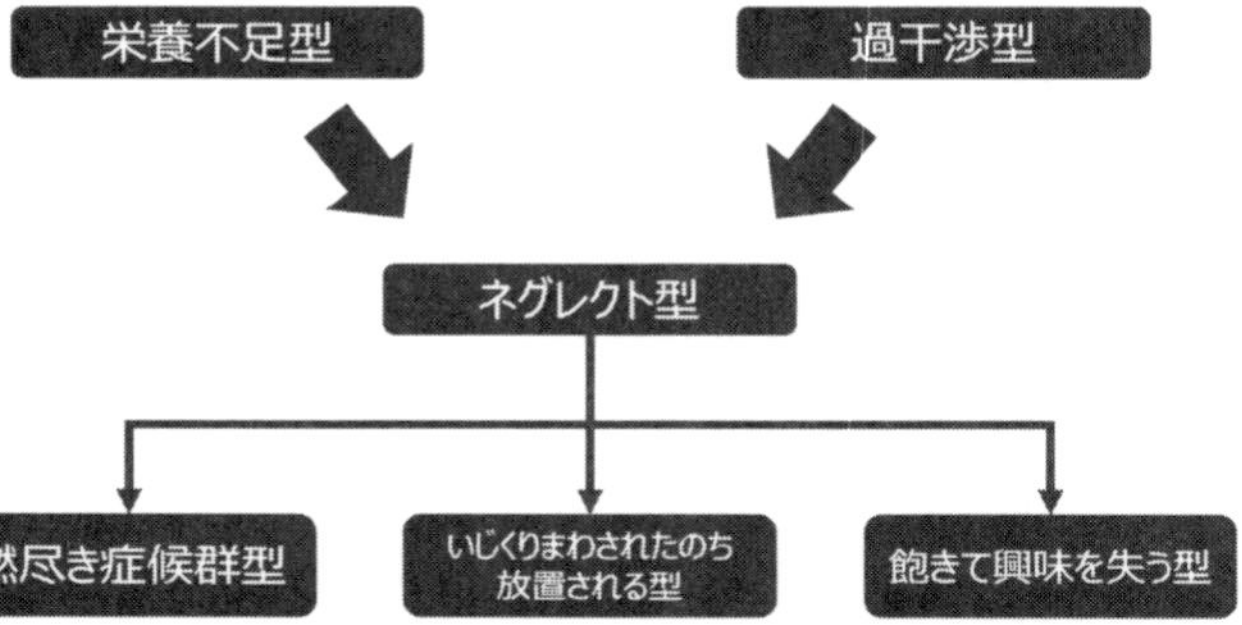

【図 18】

■燃え尽き症候群型

燃え尽き症候群型は導入プロセスに十分なコストと時間をかけて作り上げたものの、運用が上手くいかず燃え尽きて放ったらかしにされて死にます。

人事制度は導入後、想定していたことも、想定外のことも起こります。過干渉型のような改悪を繰り返すことは言語道断ですが、少しずつ発生した問題を根気よく潰していくことも必要です。

例えば

○総合職よりも一般職の方が賃金が高いイレギュラーパターンが発生した

○地域限定社員の方が全国転勤ありの社員よりも給与が高くなる

○出産を機に時短で働くことを選択した社員が、フルタイムに戻るときに、元の等級号俸に戻すのか

○都度格付けをやり直すのかルールを決めていなかった

等、外部環境や社員の人数、顔ぶれはどんどん変わっていくのですから、導入時点で全ての事態を網羅することはかなり難しく現実的ではありません。ですが、導入に時間とコストをかけて丁寧に作ったからこそ、次々に発生する問題の対応に疲弊してしまい、遂には諦めて小手先の対

応しかしなくなり、イレギュラー対応が当たり前になって無法地帯化して制度が死んでしまうのです。

導入当初に取れていた整合が見る影もなく、折角の努力が水の泡となって消えていくと、会社組織として手痛い記憶として植え付けられ、苦手意識が芽生えてしまいます。こうなると、経営判断上の優先順位が大きく下がり、ますます放っておかれることになります。臭いものには蓋。これがネグレクトに陥ってしまうカラクリです。

折角導入まで上手く漕ぎつけても、不幸な結末に至ることが往々にしてあり得るのが人事制度。すぐ死にますね…。

■いじくり回されたのち放置される型

2つ目のパターンは、前章のようにいじくり回されて最終的に手の施しようがない。あるいは、「人事制度は期待通りの効果を得られるものではなかった」、「ここに手をかけ続けるよりも、他のことにリソースを割く」そういった経営判断を下したものの、…とは言え一度入れたものをなくすわけにもいかず、細々と運用が続けられるパターンです。

このパターンは冷却期間を経て、あるタイミングでもう一度抜本的メンテナンスに繋がる可能性はあります。元々人事制度への期待が大きく、色々と手を尽くしてきた経緯からも、経営課題に人の問題が上がってくれば再度チャレンジ！　ということになる可能性があるからです。

そうなれば、過去の失敗も成長の為の肥やしだったと思えるようになります。社員の声に耳を傾け、それらを真摯に受け止めて、本当に使える制度になれば、どれだけ時間がかかってもそれでいいのです。

一度放っておかれて死んでしまっても、息を吹き返す。これもまた、人事制度の面白い特徴と言えるでしょう。

■飽きて興味を失う型

経営者の中にはエネルギッシュで新しいもの好き。チャレンジングで行動派。このような強みを持つ方はたくさんいて、ビジネスを切り開いてこられた自信もお持ちです。

このノリで人事に手を出すと、途中で飽きて放り出してしまうこともあります。なぜなら、繰り返し述べてきましたように、人事は短期間で大きな成果を出すのではなく、長期的にメンテナンスしながら、少しずつ効果を実感できるようになるという特徴があるからです。

人によってはどんどん成長して、成果を上げる方もいます。それは個人的資質や努力によるものということもありますし、短期視点で人事を捉えると、こういったハイパフォーマーとそれ以外の社員を比べてしまう傾向が強くなります。

ある場面、ある一定の期間のハイパフォーマーを軸にしてしまうと、時間の経過とともに大きくブレてしまうことに繋がります。外部環境の変化に常に対応できるとは限りませんし、モチベーションの変化をはじめ、個人としてのコンディションをいつも最良に保つことは難しいからです。いい時もあればそうではない時もあるというバイオリズムを前提として、会社というチームの力を高め、どんな場面でも社会に対して高い価値提供を継続して実現することを軸にするべきなのです。

人の成長には様々なパターンがあります。最初にグンと伸びる人。大器晩成の人。その中間。プレイヤーとして成果を出す人。プレイヤーとしてはイマイチだけど、人望に厚くマネージャーとして花開く人。そういった、それぞれのパターンやペースを尊重してこそ、弱みを補い強みを最大限活かせる本当に強い組織に変わっていけるのです。今だけをみて、できるできないを判断してしまわないように、大きな道標となるのが人事制度なのです。

ある意味最も立ちやすいフラグ

ネグレクト型は導入〜運用が一時期上手くいっていたとしても、環境の変化により起こりうる機能不全の原因です。そう考えると、このネグレクト型は3つの死亡フラグの中で唯一、永続的に意識しながらフラグが立たないように手を打ち続ける必要があるフラグです。

運用する中で良くない予兆を捉え、タイミングよく動き続けていく中で、上手くいくこともそうでないことも出てきます。予期せぬトラブルにぶつかった時、そこで心折れてしまうとネグレクト型フラグが立ってしまいます。

人に関する施策は確かに傷跡も深くなりやすいのでその点を理解しておくことは大切です。しかし一方で、ある程度上手くいけば儲けものというような楽観性も必要なのかもしれません。

施策の成否を分けるのは、やはり普段どのくらい社員とコミュニケーションを取っているかだと思います。人事部門のメンバー全員がオープンなスタンスで、誰かの役に立ちたいという想いがあれば、それぞれが現場の課題を認識し、チームとしてその課題をどう解決するかみんなで悩んでやってみる。みんなで振り返り、みんなで改善していく。そういう人事がいる会社は働きやすく、働きがいがある会社なのでしょうね。

第6章

解決編

放っておかれて死ぬ！

「ネグレクト型」

「ネグレクト型」フラグの回避法

ネグレクト型に陥らない回避方法は、先に述べました栄養不足型、過干渉型に陥らない対策とイコールです。ここでは、既にネグレクト型に陥ってしまった場合の対処策について述べていきます。

ネグレクト型は3つのパターンに分類できることをお伝えしましたが、対処方法は全てに共通して同じやり方で進めることができます。

まず、期待していた結果と現状を正しく認識し、そのギャップをどう埋めていくか？　ということが取り組み内容になります。上手く機能していない一部を修正するだけでよい場合と、一から作り直した方がいい場合の大きく2つにわかれます。

前者は環境の変化に伴って内容が実態にそぐわない場合に、より適切な内容に修正する場合です。等級基準や評価表の一部文言修正（大意は変えず）等比較的軽微なものから、職能給から役割給、職務給への変更等大きく形を変えるものまで多岐に渡ります。

もう1つは、ハードとしての制度は特に問題なく、ソフト面、制度やルールに対する理解不足、使いこなす技量等、適切な運用を妨げる要素がネックになっている場合です。このパターンも、制度自体を大きく作り変えるのではなく、やり方や本来の目的をしっかりと認識し直すという部分改修になります。ただ、人事制度の本質的な意味や重要度は運用にありますから、長期戦を見込んでしっかりと取り組んでいく必要があります。時には経営トップからの改革を望む強いメッセージが必要になるでしょう。

いずれのパターンも、これまで見てきた栄養不足型、過干渉型の対処法を念頭に、丁寧にやり直すことが基本となりますが、ネグレクト型と他の二パターンとは異なる点があります。それは、適切なやり方で導入し、適切に運用していても、同じやり方や内容のまま継続するだけでは、制度が陳腐化し思うような効果を発揮できずに行き着く先がネグレクト型ということです。

つまり、ネグレクト型の本質的な回避方法は、陳腐化を前提として常に最善の状況を保てるよう、メンテナンスをするということになります。言い換えれば変化をどう捉え、何をどう変えていくか？　に焦点を当てるということです。

変化は大きく内部環境と外部環境の2つあります。変わることの負担を低減しつつ、多様な変化になだらかに適応し、変化自体を肯定的に受け止められるような文化、風土の醸成も大切です。現状維持バイアス（＊）は多くの人が持つ心理ですので、変化に抵抗を覚える方も少なくはないでしょう。その為、何のために変えるのか？　をその都度しっかりと伝えることが、変化に対する適応力が高い組織に繋がっていきます。

そして、更新、改定のログを取ることで、過去の施策の効果や改善点を踏まえた策が打てているか？　現状をより良く変えていくための手段として適切か？　ということを、省みることができます。ＡをＢに変えて、ＢをＣに変えて、ＣをＡに変えるならば（結局元通り）、その理由を分析しきちんとアナウンス出来ないと、場当たり的にその場凌ぎの対処をしているように映るかもしれません。受け取り方は人それぞれですが、少しでも納得してもらえるように、メッセージの受け手側に立った明快な説明が望ましいです。

（＊）現状維持バイアス：未知のものや変化を受け入れず、現状維持を望む心理作用

ネグレクト型対策の難点

ネグレクト型対策の難しい点は、上手くいっている場合に特に現状維持バイアスがかかり易い為、陳腐化し始めていることに気づきにくいことです。成功体験にすがりついてしまいやすいとも言えます。こうならない為にも、問題があろうがなかろうが、定期的に見直しを行うことが大切です。上手くいっているなら、何故上手くいっているのか？　問題が発生しているなら、何故そうなったのか？　をルーティン業務として見直すのです。

方法は社内アンケートや、人事に関するトレンド、他社での実績など関連する情報を収集、分析するなど、少なくはないでしょう。ただでさえ後回しにされがちな人事制度ですから、上手く習慣づけるまで時間がかかるかもしれませんが、結果的にコストパフォーマンスの向上に繋がるでしょう。

最終章

生かすも殺すも
人事制度

人事制度は百害あって一利なし？

人事制度は作るのも使うのも難しいということを、十分理解してもらえたと思います。ここでは、これまでのおさらいをします。人事制度における、策定フェーズ、運用フェーズ、改定フェーズの3つの切り口から見ていきます。各フェーズは、おおよそそれぞれの課題に対応しています。

まず策定フェーズ（栄養不足型回避）のポイントは図20の通りでしたね。人事制度はとにかくノリやなんとなくで始めてしまうと、大きく遠回りしてしまうことに直結します。よかれと思ってやっていることが、重要な人物の離職につながることも珍しくありません。

最初の段階から専門家に関わってもらい、一通り一緒に作り上げてもらうことも、選択肢の1つとして考えてみて損はないと思います。

次に運用フェーズ（過干渉型回避）のステップを見てみましょう。（図21）

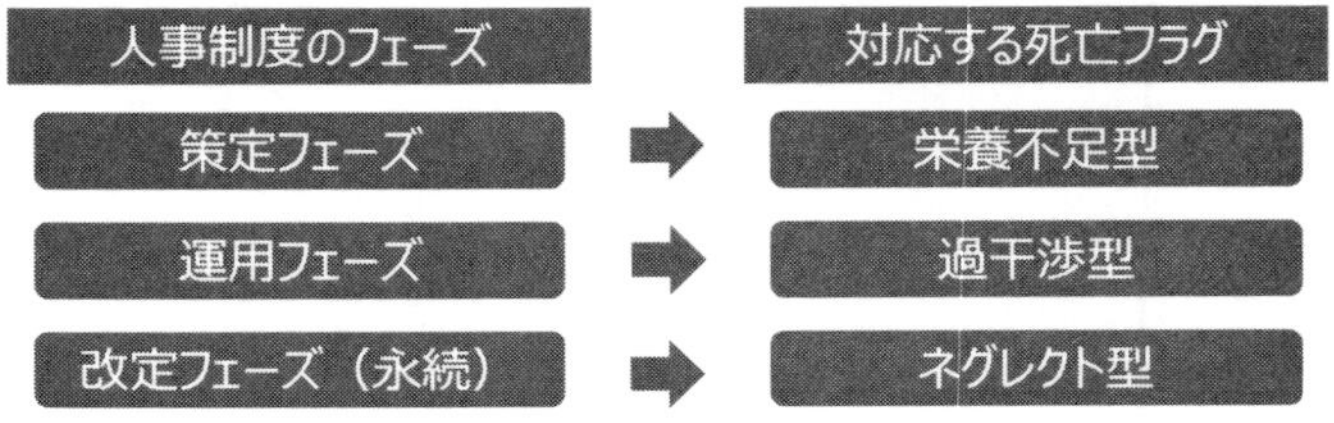

人事制度のフェーズ		対応する死亡フラグ
策定フェーズ	➡	栄養不足型
運用フェーズ	➡	過干渉型
改定フェーズ（永続）	➡	ネグレクト型

【図 19】

❶ 次の５つについて、説明できるようにしっかりと考える

1、今抱えている課題は何か？

2、その課題は「人事（制度）」でしか解決できないか？

3、人事（制度）が持っている効用はどういったものか？

4、人事制度導入～運用（メンテナンス）にどのくらい時間とコストがかかるか？

5、人事制度をスムーズに導入するための土壌があるか？

❷ 制度は設計・導入よりも運用の方が圧倒的に重要であることを理解し、
運用・定着策もしっかりと盛り込んだ制度設計を目指す

❸ やってみて初めてわかることも多く、完璧な制度に仕上がっていることは
珍しいということを理解し、従業員に寄り添いながら改善を前提とした
制度設計を心がける。

【図 20】

❶ 人事ポリシーを策定する

1、どんな人であってほしいか

2、どんな人になってほしいか

3、どんな人を評価するか

4、どんな人を採用するか

5、どんな人に育てるか

❷ 社員とのコミュニケーション施策を行う

1、人事評価制度

2、目標管理制度（MBO）

3、アンケート・サーベイ

4、ミーティング、会議

5、ヒアリング結果の整理

【図 21】

外に答えを求めず、まずは社内に目を向けて社員と向き合うことが一番のポイントでしたね。経営者も社員も、自分の会社をよりよくしたいと思っているものです。社員が自分の会社を良くしたいと思っていることを好ましく思わない経営者はいないでしょう。自分の意見や考えを尊重して、会社をより働きやすい環境に変えようと力を尽くしてくれる経営者を好ましく思わない社員はいないでしょう。

そういったお互いの想いを伝えあえる機会や環境づくりこそが、意外と知られていない人事制度を有効に機能させるコツなのです。最後に改定フェーズ（ネグレクト型回避）のステップを見ていきましょう。（図22）

ネグレクト型は過度な干渉ではなく、適切な干渉を永続する必要があるという特徴がありましたね。制度そのもの、制度を使う社員両方に対してアンテナを張っておく必要があります。

問題なく機能していた人事制度が徐々に不調をきたすようになっ

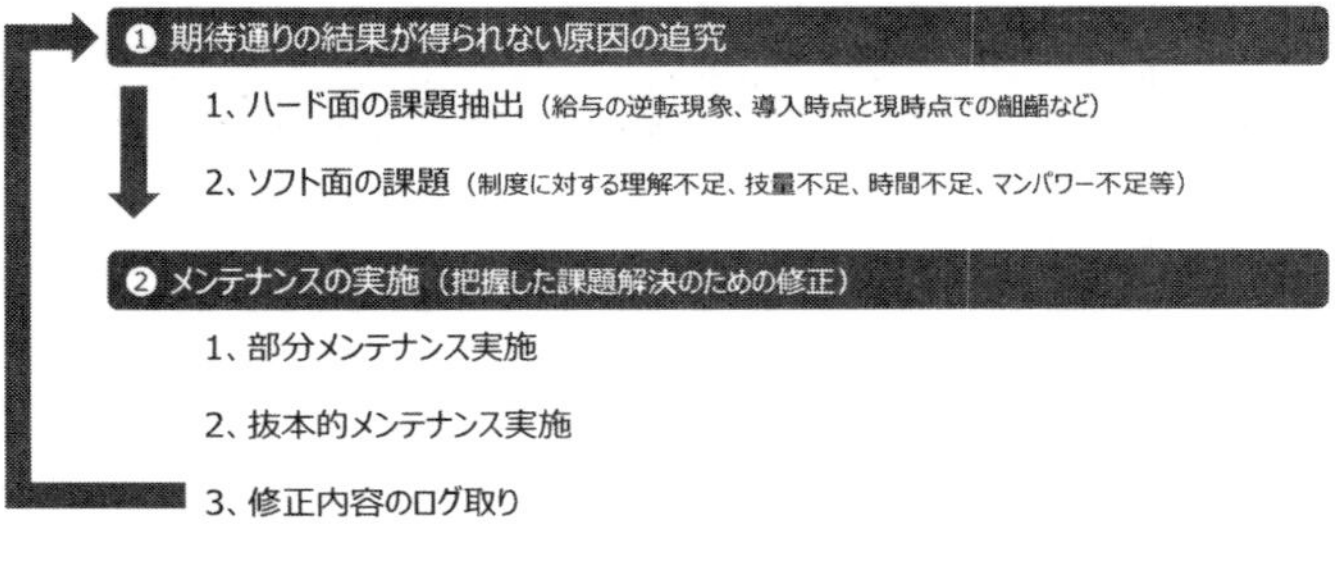

❶ 期待通りの結果が得られない原因の追究
1、ハード面の課題抽出（給与の逆転現象、導入時点と現時点での齟齬など）
2、ソフト面の課題（制度に対する理解不足、技量不足、時間不足、マンパワー不足等）
❷ メンテナンスの実施（把握した課題解決のための修正）
1、部分メンテナンス実施
2、抜本的メンテナンス実施
3、修正内容のログ取り

【図 22】

た場合、どのようなメンテナンスが必要となるか？　はその時々ですが、社内の状況をよく観察しつつ、他社の成功事例や人事に関するトレンドについてもアンテナを張っておくことで、より多くの選択肢から自社に適したものを選択し有効な手段を講じる助けとなるでしょう。

最後に、3つの死亡フラグの概要を一覧にまとめておきます。今人事面での課題やお悩みをお持ちの方は、どこに当てはまるか、照らし合わせてみてください。（図23）

このように整理すると、各ステップ毎にやるべきことをタイミングよくやれば、必ず前に進めることができるとわかりますよね。人事制度は後戻りしたり、不利益を被るように感じやすい性質もありますが、上手くいった場合のメリットも大きいのです。

その理由はシンプルに、人に関する悩みごとを解決する手段となり得るからと説明できます。また、世の中の全ての会社が制度策定、運用で失敗しているわけではないことも様々な情報から読み取れます。

人事制度が百害あって一利なしとなるか、百利あって一害なしとなるかは、やり方次第です。一度や二度の失敗で諦めずに根気をもって取り組む覚悟も必要です。

死亡フラグ	フェーズ	主な原因	発生し得る問題	留意すべきポイント
栄養不足型	策定・導入フェーズ	人事そのものや評価制度についての知識や理解が不足していること	抜け漏れのある制度設計により、期待通りの効果（成長促進・採用力強化・定着率向上・従業員満足度向上・モチベーション向上・年功色の低下等）が得られない。	主な原因を知識不足や正しい理解不足としていますが、実際にこれらを適切に得ることはかなり難しいです。 コンサルタントや専門家から直接教えを請うことや、成功企業の個別事例情報を収集することも有効です。 独自で体系的に人事について学びたい場合は、ビジネス・キャリア検定の人事・人材開発がオススメです。
過干渉型	運用フェーズ	運用実態を適切に把握することなく思い込みや興味本位で制度改変（改悪）を繰り返すこと	無意味な改訂に振り回されることによる、従業員（管理職側・メンバー双方）の疲弊（業務圧迫や精神的苦痛）とモチベーション低下。 人事制度に対する期待が大きい社員ほど離職リスクが高くなる。	他社事例や成功事例については、多くの企業が苦労する中で、何が成功のキーとなっているか？自社で同様の結果を得るためには何が必要なのか？をしっかり考えてから行動に移すことが大切です。 従業員を置き去りにして、自己満足になってしまっていないか？成果が出ないことを誰かのせいにしていないか？これらの点に留意する必要があります。
ネグレクト型	改定フェーズ	社員の数、成長度合い、外部環境、企業・事業規模の拡大等による組織の変化に合わせた制度改定を行っていないこと	制度改定（現状の改善）に対する諦観（あきらめ）を生み、長期的な成長意欲の欠如やモチベーションの低下に繋がる。 成長意欲の高いハイパフォーマーほど転職するリスクが上がり、ローパフォーマーほど定着し易くなる。結果、企業の成長スピードの低下に繋がる。	人事制度を上手く使いこなして成果を出している企業も最初は苦労しながら運用～改定フェーズを行ったり来たりして、経験値を重ねているケースが多いです。時には作成・導入フェーズに戻り、一からやりなおすこともあります。 「過保護型」に陥らないよう注意しながら、飽くなき挑戦続けることが必要です。

【図23】

目線の違いが命取り

これまで人事制度の特徴や上手く使いこなすポイントについてお伝えしてきました。最後に、もう1つ大切なポイントをお伝えします。それが、『目線』です。

会社組織では、新入社員から社長まで、様々な立場の人がそれぞれの仕事や役割を全うしています。働く人それぞれに価値観が異なることは述べましたが、仕事をする上での価値観は、どの立場で、どのような役割・ミッションを帯びて、どんな仕事を担当するかによっても変わってきます。

よくある話でわかりやすいのは、セクショナリズムです。自分が所属するチームの利益を最大化させようとすると、他のチームの利益を損なう可能性があるということです。

例えば、ある営業のチームが、自分達の売上目標を達成するために無茶な納期、価格、スペックで仕事を請けてしまい、技術チームや製造・生産チームのスケジュールに大きな影響を与えてしまった。

これはチーム単位の事例ですが、チームメンバー間でも起こりうる話です。例えば、目標管理制度の問題点の1つとして挙げられることも多いです。自分の目標達成だけに邁進し、ルーティンの担当業務やチームワークが疎かになってしまうという話です。

このように、それぞれの立場によって求められる成果や役割が異なるので、各組織、チーム、個人ごとに頑張って成果を最大化させようと努力すること自体は、素晴らしいことで何の問題もありません。ただ時として特定の一部だけが独善的な動きをしてしまうと、全体の利益を損ねることもあります。そうならないためには全体最適、つまり全体としてより大きなメリットを生み出せる仕組みやコミュニケーションが大切になります。

真に人事制度を成功に導くためには、次の3つの目線から全体を見る必要があります。

1. 経営者、経営層の目線
2. マネージャーの目線
3. 社員の目線

是非、それぞれの立場に立って、今どのような状況にあるかを、チェックしながら意見交換を図ってみてください。現状をより良く変えて行く一歩に繋がると思います。

経営者・経営層の目線

経営者の目線では、以下の点に注意して人事制度がきちんと機能しているかをチェックします。（図24）

社員が気持ちよく働くことができる環境づくりが出来ているか？　という大きな視点で全体を俯瞰するイメージですね。経営者・経営層からの情報発信、意思発信と、マネージャーや社員の声に耳を傾けるという、双方向の関りがポイントとなります。

マネージャーの目線

マネージャーの目線では、以下の点を常に意識す

- 社員に対する考え方を明示できているか？
- マネージャーや社員の声に耳を傾け、現場で起こっている課題、問題と自分達が認識している課題、問題がリンクしているか？
- それらの声を反映させ、参画生を感じてもらえているか？
- 人に関する経営課題が明確になっているか？ その解決策として妥当な手段を講じることができているか？
- 人事の原則、公正性、客観性、透明性、参画性が実現されているか？
- 人に関する課題解決を後回しにしない風土を作り上げているか？
- マネージャー、社員の目線に立ち、全体最適を実現するための仕組みとして、人事制度が機能しているかを定期的に見直しているか？

【図 24】

- 経営層が認識している人に関する課題を自分事として捉えられているか？
- 人事ポリシーを理解できているか？
- プレイヤーとしてだけではなく、マネージャーとしてチームの成果を最大化する視点が持てているか？
- メンバーとのコミュニケーション機会を自ら作り出せているか？
- 評価者としてのスキルや考え方を身につけているか？
- 人事制度を適切に利用し、メンバーの成長を促進することが出来ているか？
- 自身とメンバーの人事制度に対する意見や考えを把握できているか？(言語化できるか？)
- 人事制度や部下の成長、自分のチームの課題、問題点を上司共有し、奇譚ない意見交換ができる関係づくりに努めているか？
- 人事部門と良好な関係を築けているか

【図 25】

ることが重要です。（図25）

経営者の価値観とメンバー（部下）の価値観を自ら能動的に理解しようとすること。また、そのために具体的に行動を起こすことがポイントとなります。会社とメンバーの間に大きな意識や認識の隔たりがある場合は、溝を埋めるよう努めることも必要です。その際、メンバーに対してはＩ（アイ）メッセージ（私はこう考えている、私はこう理解している、私はこう思っている）で伝えることに留意すると良いでしょう。先に述べましたように、「○○さんがこう言っていたから」、「規定やマニュアルにはこう書いてある」など、誰かの代弁者のような伝え方をすれば、あなたの意見はないの？　と感じられても仕方ありません。

そうなると、マネージャー自身が会社のことを理解できていないのでは？　という疑念に繋がり、メンバーとの信頼関係を上手く築くことができなくなります。更に、人事部門とも良好な関係を築き、お互いに協力し合える関係を作っておくことで、マネージャーとしての組織への貢献の幅と深さが増します。

社員の目線

社員の目線では、次の点を意識します。（図26）

多くの経営者の方が求めていることは、スキルや職務遂行能力よりも、挨拶がちゃんとできるか。横柄な態度を取らないか。謙虚さがあるか。自分で考えて行動しようとしているか。といった、どちらかというと姿勢やマインドに関することが大きいと感じています。

失敗してもいいから、チャレンジして成長して欲しいという想いが伝わっていない場合も多く、もどかしさを感じることも少なくありません。

何度でもしっかりと言語化して、口頭や文章で重ねて伝えていくことで、大きく改善されることもあります。しっかりと向き合って、膝を突き合わせてたくさんコミュニケーションを取ってみてください。

最終的にこれらのポイントが少しずつでも実現できるようになって

- ✓ 上司、組織が自分に求めているものが何か理解しているか？
- ✓ 自分はどんな風に成長したいか？何がしたいかが理解できているか？
- ✓ 人事ポリシーが理解できているか？
- ✓ 人事制度の基本的な役割や機能についての理解があるか？
- ✓ 上司とのコミュニケーション機会を作る努力をしているか？
- ✓ 自分が出来ること、出来ないこと、出来る様になった方が良いことが明確になっているか？（言語化できるか？）
- ✓ チームメンバーとの協調に重きを置いた働き方を実現できているか？
- ✓ 不平不満、愚痴だけではなく、建設的に意見を述べることや、自ら打開策に取り組む姿勢が身についているか？

【図 26】

くると、人事制度が上手く機能していると言える状態になるでしょう。それはつまり、経営層も含めた全員が成長していることに他なりません。上記のポイントができているか？　全体を俯瞰し機能させるのは経営層。

自部門、自チームを俯瞰し機能させるのはマネージャー。自分自身を省みるのはメンバー。それぞれの立場、目線を持つことが人事制度を正しくブラッシュアップさせる為に必要な鍵となるのです。

さいごに

人それぞれの人生や想いが集まっている組織が企業です。数ある企業の中から、今の会社を選びたまたま出会った人たちと、何十年も同じように働き続ける可能性は相当低いでしょう。仲良くなった人が去っていく。上手く回っているチームがなくなってしまう。思わぬ異動を命じられた。など、変化だらけです。企業があり続ける為には、この変化を上手く捉えて、コントロールしていかないといけません。

そのための、強力な武器となるのが人事制度です。挫けず、諦めず、試行錯誤して死亡フラグを回避し、活かし続けることは困難ですが不可能ではありません。

働く人の環境を整え、人生そのものが豊かになるような会社を目指し続ける価値は十分にあると思います。

「自社にとって優秀な人・採りたい人を採用することができる」

「自社にとって優秀な人・長く働いて欲しい人が定着し、長く勤めて活躍してくれる」

「求める人物・期待するパフォーマンスに達する自律した人へと『成長』してくれる」

これらは、どのような企業・組織でも実現可能と確信しております。決して簡単ではありませんが、自社の社員に耳を傾け、トライアンドエラーを重ねて、真剣に取り組む価値は十分にあります。

皆様の企業・組織での人に関するお悩みごとが少しでも解決され、組織・社員共に自分たちらしく輝けることを、心より願っております。

川﨑 純弥(かわさき じゅんや)

人事コンサルタント。

株式会社ジェントルマネジメント 代表取締役。

複数の事業会社にて人事業務、マネジメント業務、人事部門長を経験。組織・人事コンサルティングファームを経て独立。

現在は、株式会社ジェントルマネジメントの代表・人事コンサルタントとして、中堅・中小企業への人事制度構築・導入・運用支援、及び採用支援を中心に、人的課題解決に貢献。伴奏型コンサルティングにて、各社の実態に即した支援を信条としている。

支援終了後も、各企業様にて効果継続できることに重きを置いた、シンプルで分かりやすく、使いやすい仕組みづくりに定評がある。

人事制度の死亡フラグ回避方法

2024年2月5日　　第1刷発行

著　者——— 川﨑純弥
発　行——— 日本橋出版
〒103-0023　東京都中央区日本橋本町2-3-15
https://nihonbashi-pub.co.jp/
電話／03-6273-2638
発　売——— 星雲社（共同出版社・流通責任出版社）
〒112-0005　東京都文京区水道1-3-30
電話／03-3868-3275

ISBN 978-4-434-32633-2